高等教育自学考试日语专业系列教材

日语语法教程

(自考本科指定用教材)

下册

刘振泉　编著

图书在版编目（CIP）数据

日语语法教程（下册）/刘振泉编著．—北京：北京大学出版社，2009.6
（高等教育自学考试日语专业系列教材）
ISBN 978-7-301-14499-2

Ⅰ.日… Ⅱ.刘… Ⅲ.日语－语法－高等教育－自学考试－教材 Ⅳ.H364

中国版本图书馆CIP数据核字（2009）第097036号

书　　　名：日语语法教程（下册）
著作责任者：刘振泉　编著
责　任　编　辑：兰　婷
标　准　书　号：ISBN 978-7-301-14499-2/H·2136
出　版　发　行：北京大学出版社
地　　　址：北京市海淀区成府路205号　100871
网　　　址：http://www.pup.cn
电　　　话：邮购部 62752015　发行部 62750672　编辑部 62767347　出版部 62754962
电　子　邮　箱：zbing@pup.pku.edu.cn
印　刷　者：三河市欣欣印刷有限公司
经　销　者：新华书店
　　　　　　787毫米×1092毫米　16开本　13.75印张　320千字
　　　　　　2009年6月第1版　2009年6月第1次印刷
定　　　价：27.00元

未经许可，不得以任何方式复制或抄袭本书之部分或全部内容。
版权所有，侵权必究　举报电话：010-62752024
　　　　　　　　　　电子邮箱：fd@pup.pku.edu.cn

《高等教育自学考试日语专业系列教材》出版总序

　　高等教育自学考试（简称"自考"或"高自考"）是对自学者进行的以学历考试为主的高等教育国家考试，是个人自学、社会助学和国家考试相结合的高等教育形式，是我国社会主义高等教育体系的重要组成部分。其目的是通过国家考试促进广泛的个人自学和社会助学活动，推进在职专业教育和大学后继续教育，造就和选拔德才兼备的专门人才，提高全民族的思想道德、科学文化素质，适应社会主义现代化建设的需要。目前，高等教育自学考试已成为我国规模最大的开放式高等教育形式。

　　北京市高自考的日语专业是2006年开设的，主考院校是北京大学，由北京大学外国语学院日本语言文化系具体负责命题、测试、阅卷等工作。北京市高自考日语专业自开设以来，在北京教育考试院和北京大学继续教育部的领导下工作开展顺利，日语专业的考生每年都在迅速地增长，可谓形势喜人。

　　在这种情况下，北京教育考试院认为有必要开发一套专门用于高自考日语专业的教材，以满足形势的需要，把高自考的日语专业办得更好。在北京大学出版社的策划下，在北京大学继续教育部的指导下，北京大学外国语学院日本语言文化系负责编写了这套《高自考日语专业系列教材》，这套教材的特点是重视实践，有利于应用型人才的培养。各册教材与考试的课程完全对应，包括《初级日语（上、下册）》、《中级日语（上、下册）》、《高级日语（上、下册）》、《日语视听说》、《日语会话》、《日本文学选读》、《日语写作》、《口语笔译》、《日语口译》、《日语语法教程》、《日本概况》等。教材的编写以北京大学外国语学院日本语言文化系的教师为主，同时还动员了一些兄弟院校的教师加盟这项工作，执笔者都是教学经验丰富的教师和教学骨干，而且他们对自己所承担的内容都比较熟悉，因此保证了教材的质量。当然，这套教材肯定会有这样或那样的不足，敬请广大考生和读者对此提出批评和修改建议，我们会努力使之不断完善的。

　　衷心地祝愿高自考日语专业不断扩大，顺利健康地发展下去。

北京大学外国语学院日本语言文化系教授、博士生导师
北京市高自考日语专业委员　　彭广陆
2009年3月31日

前　言

《日语语法教程（上、下册）》为北京市高等教育自学考试日语专业本科阶段指定教材。也可供各类成人教育及日语自学者使用。

不管哪种语言，都有其系统的、完整的语法体系。语法源于社会生活并存在于社会生活之中。要想掌握好一门外语，首先就要了解、掌握它的内在法则和规律，养成与母语对应的习惯，并在此基础上进行大量的实践。只有这样外语学习才会有事半功倍的效果。

本教材根据本科阶段的自考生的特点，将重点放在日语助词、助动词、补助动词、常用惯用型、句型上。全书共有36课，分上、下册。上册包括日语的各类助词、助动词、补助动词，共18课。下册的内容为常用惯用型和句型，也是18课。每课后都附有词语注解和大量的相关练习。

本教材吸收国内外的最新研究成果，注重科学性和实用性的统一。文字简洁扼要，举例浅显易懂。具有以下特点：

1. 编排新颖、体例与其他日语语法书多有不同；
2. 注明语法项与其他句子成分的接续关系；
3. 例句典型且实用上口；
4. 对补助动词进行了全面且新颖的分析尝试；
5. 根据性质和意义进行归类，有利于各语法项之间在意义和用法上的比较；
6. 根据不同的内容，附有相应的图表说明。

书例句中所出现的「〇」为正确表达方式、「*」为错误表达方式、「？」为不自然表达方式。

编者水平有限，加以编写时间仓促，书中必定有错讹之处，还望各位前辈、同行及使用者诸君批评指正。

编者

2008年9月 于北京

目 录

第十九课　时间等表现 / 1
　一、时点表现 / 1
　　【1】ーうちに / 1
　　【2】ーう（よう）とする / 2
　　【3】ーおり / 3
　　【4】ーに際して / 3
　　【5】ーところ / 3
　　【6】ーところだ / 4
　　【7】ーところで / 5
　　【8】ーにあたって / 6
　二、同时性表现 / 6
　　【9】ーかーないうちに / 6
　　【10】ー（か）と思うと / 7
　　【11】ーが早いか / 7
　　【12】ー次第 / 8
　　【13】ーそばから / 8
　　【14】ーたとたん / 8
　　【15】ーなり / 9
　　【16】ーや否や / 9
　三、时间关系表现 / 10
　　【17】ー上（うえ）で / 10
　　【18】ーて以来 / 10
　　【19】ーてから / 10
　　【20】ーてからというもの / 11
　　【21】ーてからでないと / 11
　　【22】ーてはじめて / 11
　　【23】ーてこそ / 12
　　【24】ーに先立って / 12
　　【25】ーを通して / 12

第二十课　期间等表现 / 16
　一、期间表现 / 16
　　【26】ーあいだ / 16
　　【27】ーうちに / 17
　　【28】ーないうちに / 17

【29】―際 / 18
　　【30】―最中 / 18
　　【31】―ところに / 18
　　【32】―ところへ / 19
　　【33】―ところを / 19
　　【34】―にあって / 20
　　【35】―において / 21
　二、状況表現 / 22
　　【36】―たる / 22
　　【37】―ともなると / 22
　　【38】―にしては / 22
　　【39】―にしてみれば / 23
　　【40】―わりに / 23
　三、状態表現 / 23
　　【41】―ことなく / 23
　　【42】―ことなしに / 24
　　【43】―なしに / 24
　　【44】―抜（ぬ）きで / 24
　　【45】―ぬきに―ない / 24
　　【46】―を込（こ）めて / 25
　　【47】―を抜（ぬ）きにして / 25

第二十一课　手段等表现 / 27
　一、手段表現 / 27
　　【48】―によって / 27
　　【49】―によると / 27
　　【50】―を通（つう）じて / 28
　　【51】―を通（とお）して / 28
　　【52】―をもって / 28
　二、相关关系表现 / 29
　　【53】―に従（したが）って / 29
　　【54】―につれて / 30
　　【55】―に伴（ともな）って / 30
　　【56】―ば―ほど / 31
　三、关联表现 / 31
　　【57】―いかんによって（は）/ 31
　　【58】―次第だ / 31
　　【59】―次第で / 32
　　【60】―次第では / 32

【61】ー度(たび)に / 32
【62】ーに応(おう)じて / 32
【63】ーにつけて / 33
【64】ーによって / 33
【65】ーをきっかけにして / 33
【66】ーを契機にして / 34

第二十二课　断定等表现 / 36
　一、断定表现 / 36
　　【67】ーしか（ー）ない / 36
　　【68】ーでなくてなんだろう / 37
　　【69】ーというものだ / 38
　　【70】ーに決(きま)っている / 38
　　【71】ーにすぎない / 39
　　【72】ーに違(ちが)いない / 39
　　【73】ーにほかならない / 39

　二、评价表现 / 40
　　【74】ーに当(あ)たらない / 40
　　【75】ーばそれまでだ / 41
　　【76】ーほかない / 41
　　【77】ー上で / 42
　　【78】ーからいうと / 43
　　【79】ーからすると / 43
　　【80】ーから見(み)ると / 44
　　【81】ーとして / 44
　　【82】ーなりに / 46
　　【83】ーにしたら / 46
　　【84】ーにしては / 47
　　【85】ーにとって / 47

第二十三课　対象等表现 / 50
　一、対象表现 / 50
　　【86】ーに関して / 50
　　【87】ーに対して / 50
　　【88】ーについて / 51
　　【89】ー向けに / 51
　二、界限、范围等表现 / 52
　　【90】ー限(かぎ)り / 52
　　【91】ーからして / 53

【92】ーからーにかけて / 53
【93】ーに至(いた)るまで / 54
【94】ーにわたって / 54
【95】ーを通じて / 54
【96】ーを通して / 54
【97】ーを限りに / 55
【98】ーを皮切りにして / 55
【99】ーをもって / 55
【100】ーであれーであれ /55
【101】ーといいーといい / 56
【102】ーといわずーといわず / 56
【103】ーにしてもーにしても / 56
【104】ーにしろーにしろ / 57

第二十四课　限定等表现 / 60
一、限定表现 / 60
【105】ー以外にない / 60
【106】ー以外にーない / 60
【107】ーかぎり / 60
【108】ーからにほかならない / 61
【109】ただーだけ / 61
【110】ただーばかり / 61
【111】ただーのみ / 62
【112】ーならでは / 62
【113】ーに限(かぎ)り / 62
【114】ーにかぎって / 63
【115】ーにほかならない / 63
【116】ーよりほかない / 64
【117】ーよりほかにーない / 64
【118】ーより仕方がない / 64
【119】ーをおいてーない / 64

二、非限定表现 / 65
【120】ーだけでなく / 65
【121】ーのみでなく / 66
【122】ーのみならず / 66
【123】ーばかりか / 67
【124】ーばかりでなく / 68
【125】ーに限(かぎ)らず / 68
【126】ーにとどまらず / 68

目 录

第二十五课　话题、强调等表现 / 71
　一、话题表现 / 71
　　【127】-ということは / 71
　　【128】-というと / 71
　　【129】-というのは / 72
　　【130】-というものは / 72
　　【131】-といったら / 72
　　【132】-ときたら / 72
　　【133】-とは / 73
　　【134】-にかけて / 74
　　【135】-はというと / 74

　二、强调表现 / 75
　　【136】-たりとも / 75
　　【137】-として-ない / 75
　　【138】-あっての / 75
　　【139】-からある / 75
　　【140】-からの / 76
　　【141】-というもの / 76
　　【142】-にして / 76
　　【143】-の至り / 77
　　【144】-の極み / 77

　三、强制表现 / 77
　　【145】-なくてはいけない / 77
　　【146】-なくてはならない / 78
　　【147】-なければいけない / 78
　　【148】-なければならない / 78

第二十六课　原因、理由等表现 / 81
　一、原因、理由表现 / 81
　　【149】-によって / 81
　　【150】-からこそ / 81
　　【151】-につき / 82
　　【152】-こととて / 82
　　【153】-とあって / 82
　　【154】-ゆえ / 82
　　【155】-おかげで / 83
　　【156】-せいで / 83
　　【157】-せいか / 83
　　【158】-ものだから / 84

【159】－もので / 84
【160】－ばかりに / 84
【161】－だけに / 85
【162】－だけあって / 85
【163】－あまり / 85
【164】－ばこそ / 86
【165】－以上 / 86
【166】－からには / 86
【167】－ところをみると / 87

第二十七课　条件表现 / 90
一、逆接假定条件表现 / 90
【168】－う（よう）が / 90
【169】－う（よう）が－う（よう）が / 90
【170】－う（よう）が－まいが / 91
【171】たとえ－ても / 91
【172】－たところで / 92
【173】－であれ / 92
【174】－であれ－であれ / 92
【175】－といえども / 93
【176】－にしても / 94

二、确定、假定条件表现 / 94
【177】－う（よう）ものなら / 94
【178】－とあれば / 95
【179】－としたら / 95
【180】－とすると / 95
【181】－とすれば / 96
【182】－ないかぎり / 96
【183】－ないことには / 97
【184】－なくして / 97
【185】－をぬきにしては / 97
【186】－ものなら / 97
【187】－う（よう）ものなら / 98
【188】－としても / 98

第二十八课　对比等表现 / 101
一、对比、比较表现 / 101
【189】－一方 / 101
【190】－う（よう）か－まいか / 101

【191】ーかと思うと / 102
【192】ーかと思えば / 102
【193】ーかわりに / 103
【194】ーというより / 104
【195】ーどころか / 104
【196】ーないまでも / 105
【197】ーに代（か）わって / 105
【198】ーに対して / 106
【199】ーに反して / 106
【200】ーにひきかえ / 106
【201】ー反面 / 107
二、最高級比較表現 / 107
【202】ーにかぎる / 107
【203】ーに比べて / 107
【204】ーにもまして / 108
【205】ーほどーない / 108
【206】ーほどーはない / 109

第二十九课　附加等表现 / 111
一、附加表現 / 111
【207】ーうえに / 111
【208】ーとあいまって / 111
【209】ーに加えて / 112
【210】ーはおろか / 112
【211】ーはもちろん / 112
【212】ーはもとより / 113
【213】ーもさることながら / 113
【214】ーもーばーも / 114
二、伴随表現 / 114
【215】ーかたがた / 114
【216】ーかたわら / 114
【217】ーがてら / 115
【218】ーついでに / 115
三、比例表現 / 115
【219】ーについて / 115
【220】ーにつき / 116
【221】ーに対して / 116
【222】ーとともに / 117

第三十课　逆接等表现 / 120

一、逆接表现 / 120
【223】ーからといって / 120
【224】ーといえども / 120
【225】ーといっても / 121
【226】ーとおもいきや / 121
【227】ーところを / 121
【228】ーとはいえ / 122
【229】ーとはいうものの / 122

二、让步表现 / 123
【230】ーいかんにかかわらず / 123
【231】ーにしても / 123
【232】ーにもかかわらず / 124
【233】ーはいざしらず / 124
【234】ーはさておき / 124
【235】ーはともかくとして / 124

三、忽视表现 / 125
【236】ーにかかわらず / 125
【237】ーもかまわず / 125
【238】ーを問わず / 125
【239】ーをものともせずに / 126
【240】ーをよそに / 126

第三十一课　可能等表现 / 129

一、可能表现 / 129
【241】ーう（よう）にもーない / 129
【242】ーうる / 129
【243】ーにたえない / 130
【244】ーわけにはいかない / 130

二、难易表现 / 131
【245】ーがたい / 131
【246】ーかねる / 131
【247】ーづらい / 131
【248】ーにくい / 132
【249】ーにかたくない / 132
【250】ーにたりない / 132
【251】ーにたる / 133
【252】ーようがない / 133

三、结局表现 / 133
　　【253】―ことになる / 133
　　【254】―次第だ / 134
　　【255】―しまつだ / 134
　　【256】―ところだった / 134
　　【257】―に至る / 135
　　【258】―わけだ / 135

第三十二课　样态等表现 / 138
　一、样态表现 / 138
　　【259】―かのように / 138
　　【260】―げ / 138
　　【261】―とばかり / 139
　　【262】―ともなく / 139

　二、倾向表现 / 139
　　【263】―がち / 139
　　【264】―ぎみ / 140
　　【265】―きらいがある / 140
　　【266】―ずくめ / 140
　　【267】―だらけ / 141
　　【268】―っぽい / 141
　　【269】―まみれ / 141
　　【270】―めく / 141

　三、经过表现 / 142
　　【271】―あげく / 142
　　【272】―すえ / 142
　　【273】―っぱなし / 142
　　【274】―ところ / 143
　　【275】―に至っては / 143

　四、经验表现 / 143
　　【276】―たことがある / 143
　　【277】―たものだ / 144

第三十三课　否定等表现 / 146
　一、否定表现 / 146
　　【278】―ことなく / 146
　　【279】―っこない / 146
　　【280】―どころではない / 146
　　【281】―なしに / 147

【282】～なしには～ない / 147
【283】～までもない / 147
【284】～ものか / 148
【285】～ものではない / 148
【286】～わけがない / 148

二、部分否定表现 / 149
【287】～というものではない / 149
【288】～ないことはない / 149
【289】～ないこともない / 149
【290】～ないでもない / 149
【291】～わけではない / 150

三、禁止表现 / 150
【292】～べからざる / 150
【293】～べからず / 150
【294】～べきではない / 151
【295】～てはいけない / 151
【296】～てはならない / 151
【297】～てはだめだ / 151
【298】～ものではない / 151

第三十四课　情感等表现 / 154
一、情感等表现 / 154
【299】～かぎりだ / 154
【300】～ことか / 154
【301】～ことだ / 154
【302】～ことに（は）/ 155
【303】～ざるをえない / 155
【304】～たいものだ / 155
【305】～てしかたがない / 155
【306】～てたまらない / 156
【307】～てならない / 156
【308】～てやまない / 156
【309】～といったらない / 156
【310】～ときたら / 157
【311】～ないではいられない / 157
【312】～ないではおかない / 157
【313】～ないではすまない / 157
【314】～ものだ / 158
【315】～（よ）うに / 158

【316】～をきんじえない / 158
【317】～を余儀なくされる / 159

第三十五课　传闻等表现 / 161
　　一、传闻表现 / 161
　　　　【318】～ということだ / 161
　　　　【319】～とか / 161
　　二、邀请表现 / 162
　　　　【320】～う（よう）ではないか / 162
　　　　【321】～ことだ / 162
　　三、提醒表现 / 162
　　　　【322】～べきだ / 162
　　　　【323】～ことはない / 162
　　四、请求表现 / 163
　　　　【324】～てもらえるか / 163
　　　　【325】～がほしい / 163
　　　　【326】～てほしい / 163
　　五、目的表现 / 164
　　　　【327】～ために / 164
　　　　【328】～べく / 164
　　　　【329】～ように / 164
　　　　【330】～んがために（の） / 164
　　六、基准表现 / 165
　　　　【331】～とおり / 165
　　　　【332】～に即して / 166
　　　　【333】～に沿って / 166
　　　　【334】～に基づいて / 167
　　　　【335】～のもとで / 167
　　　　【336】～を中心として / 168
　　　　【337】～を～にして / 168
　　　　【338】～をもとにして / 169

第三十六课　推量等表现 / 172
　　一、推量表现 / 172
　　　　【339】～おそれがある / 172
　　　　【340】～かねない / 172
　　　　【341】～と見(み)えて / 173
　　　　【342】～に違いない（に相違ない） / 173
　　　　【343】～かもしれない / 173

　　　　【344】ーはずだ / 173
　　　　【345】ーはずがない / 174
　　二、意志表現 / 174
　　　　【346】ー（よ）うとする / 174
　　　　【347】ーことにする / 174
　　　　【348】ーつもりだ / 174
　　　　【349】ーまいとする / 175
　　三、習慣表現 / 175
　　　　【350】ーことにしている / 175
　　　　【351】ーことになっている / 175
　　　　【352】ーようにしている / 176
　　四、持続、変化表現 / 176
　　　　【353】ー一方だ / 176
　　　　【354】ーつつある / 176
　　　　【355】ーばかりだ / 176
　　　　【356】ーようになる / 177

索引 / 180

课后练习答案 / 186

主要参考书目 / 192

北京市高等教育自学考试课程考试大纲 / 193

第十九课　时间等表现

　　一、时点表现
　　二、同时性表现
　　三、时间关系表现

Ⅰ. 语法解说

一、时点表现

【1】～うちに
① 用法1：接体言后续格助词「の」或用言连体形后。
② 意义1：表示在前项的某段时间内或期间内，a.做出某种行为或动作，b.出现了后项某种事先没有预料到的结果或情况变化，等。
③ 译法1："趁……，……"；"趁着……，……"等，或者灵活翻译。
　　○ 朝のうちに宿題を済ませましょう。
　　○ 電車が出るまでまだ半時間もあるから、今のうちに弁当を買っておいたらどう？
　　○ どうぞ熱いうちに召し上がってください。
　　○ 近いうちに新しく出来た図書館に行ってみるつもりです。
　　○ 父親が元気なうちに、一度一緒に温泉にでも行こうと思います。
　　○ 働けるうちにうんと働いておいた方がよい。
　　○ 私たちは読書をしながら、知らず知らずのうちに、人間や社会について経験を広げ、深めているのです。
　　○ 爆弾の投下によって、全市は一瞬のうちに破壊されました。
　　○ ひまわりは留守のうちにかなり大きくなっていました。

④ 用法2：接动词连用形后续「ている」的成分后。或者接在诸如「重ねる」等表示重复意义的动词的连体形后。
⑤ 意义2：表示在前项动作进行的过程中，出现了后项的情况。
⑥ 译法2："……着……着……"如"说着说着"，"吃着吃着"等。
　　○ 花子さんは話しているうちに顔が真っ赤になりました。
　　○ 話をしているうちに電車が動き出しました。
　　○ 友達と話をしているうちに、学校に着きました。

○ ご飯を食べているうちに、ふとそれを思い出しました。
○ 日本人の友達と付き合っているうちに日本語が出来るようになりました。
○ 友達に誘われて何回か山登りをしているうちに私も山が好きになりました。
○ バスに乗っているうちに、グーグー寝てしまいました。
○ 外国語は、練習を重ねるうちに上手になります。

⑦ **用法3**：接动词未然形后续否定助动词「ない」的连体形后。
⑧ **意义3**：表示在前项的某种事态还没有发生变化的情况下，出现了后项的情况。
⑨ **译法3**："趁着还没有……，……"；"趁……还没有……（的时候）……"等。

○ 暑くならないうちに作業にかかりましょう。
○ 暗くならないうちに早く帰りましょう。
○ ふと外を見ると、気がつかないうちに雪が降り出していました。
○ 知らないうちに隣は引っ越していました。
○ あれから半時間もしないうちにまたいたずら電話がかかってきました。
○ 妹が帰ってこないうちに急いでプレゼントを隠しました。

【2】～う（よう）とする

① **用法**：接动词未然形后。一般采用「～う（よう）とする」、「～う（よう）とした」或「～う（よう）としていた」后续「ところで」「ところに」「ところへ」「ころ」「時」等词语的表现形式。或者用「～う（よう）としている」、「～う（よう）としていた」的形式直接结束句子。

② **意义**：a.修饰其他词语时，表示前项的某种情况将要发生或某种动作刚要进行的时候，出现了后项的某种情况。b.直接结束句子时，表示某种情况即将发生。

③ **译法**："将要……的时候，……"；"……就要……了"等。

○ 上り坂にさしかかろうとするところで車がエンストを起こしてしまいました。
○ 食事をしようとしていたところに電話がかかってきました。
○ 用意が出来て工事にとりかかろうとしたところへ、あの大地震にあった。
○ 夏休みも終わろうとするころ、親友の死が知らされました。
○ バスのドアが閉まろうとしたとき、男の子が飛び乗りました。
○ 日は地平線の彼方に沈もうとしています。
○ 長かった夏休みもじきに終わろうとしています。
○ 私が行った時は会議が終わろうとしていました。

第十九课　时间等表现

【3】〜おり
① **用法**：接体言后续格助词「の」或用言连体形后，是比较郑重的表达形式。也可以用「〜おりに、〜」或「〜おりから、〜」的表现形式。不过，「〜おりから、〜」的表现形式一般多用于书信。
② **意义**：表示把前项作为一种时机或机会进行后项的动作。
③ **译法**："……时……"；"……的时候……"；"趁……的机会，……"等。
　○ 何かの<u>おり</u>に、私のことを思い出したら手紙をくださいね。
　○ 東京に行った<u>おり</u>に、5年ぶりに友人を訪ねました。
　○ 仕事で北京に行った<u>おり</u>に、足をのばして天津に寄ってみました。
　○ 今度お宅にお伺いする<u>おり</u>には、中国の茅台酒をお持ちします。
　○ 寒さ厳しい<u>おり</u>から、くれぐれもお体をお大事にしてください。

【4】〜に際して
① **用法**：接名词、五段动词终止形、一段动词终止形、カ变动词终止形、サ变动词词干后。也可以用「〜に際し、〜」或「〜に際しては、〜」的表现形式。连体修饰时，用「〜に際しての〜」的表现形式。更为郑重的表达方式采用「〜に際しましては、〜」的形式。
② **意义**：表示以前项的事项为契机，展开后项的事项。
③ **译法**："当……时，……"；"当……之际，……"等。
　○ 卒業<u>に際して</u>、お世話になった先生方に何かお礼がしたいです。
　○ 壁画の復元<u>に際して</u>、まず丹念な調査が行われることになりました。
　○ 別れ<u>に際して</u>、彼女は私に一声もかけませんでした。
　○ 修学旅行の出発<u>に際し</u>、先生からいくつか注意を受けました。
　○ 調査を始める<u>に際して</u>は、関係者の了解を取らなければなりません。
　○ 今回の会議参加<u>に際して</u>の最大の懸案事項はやはり安全保障の問題であろう。
　○ この度の転職<u>に際しまして</u>は、いろいろお世話になりました。

【5】〜ところ
① **用法 1**：接在诸如「今」「現在」等表示"现在"意义的时间名词后续「の」或连体词「この」的后面。
② **意义 1**：表示现阶段、现时点如何。
③ **译法 1**："现在……"；"最近……"等。
　○ 今の<u>ところ</u>、病状は安定していますが、いつ悪化しないとも限りません。
　○ 現在の<u>ところ</u>、応募者は約50人ほどです。
　○ ぼくはこの<u>ところ</u>、成績がのびないんで落ち込んでいるんだ。

④ **用法2**：接动词连用形后续完了助动词「た」的连体形后，构成「～たところ、～」的表现形式。

⑤ **意义2**：表示试着进行某种行为的时候，出现了与预期不同的或者意想不到的结果。

⑥ **译法2**："……时，……"等，或灵活翻译。
- 美術工芸商店に問い合わせた<u>ところ</u>、日本の友人が買い求めている陶器がありました。
- 文章を直してくださるようお願いした<u>ところ</u>、先生は快く引き受けてくださいました。
- 私がある農家を訪ねた<u>ところ</u>、家族ぐるみでもてなしてくださいました。

【6】～ところだ

① **用法1**：接动词连体形后，构成「～するところだ」的表现形式。

② **意义1**：表示某种行为还未进行将要进行。或者表示某种情况还未发生将要发生。

③ **译法1**："正要……"；"就要……"等。
- 彼は図書館へ行くと言ってただいま出かける<u>ところ</u>です。
- 君が誘いに来たのはよかった。ぼくも今先生のところへ行く<u>ところだ</u>。
- 家に戻ってくると、お母さんは買い物に出かける<u>ところ</u>でした。
- これから家を出る<u>ところ</u>ですから、一時間ほどしたら着くと思います。
- 私は今あなたのところへ行こうとする<u>ところ</u>です。
- 君が一言言ってくれたんで助かったよ、もう少しで忘れる<u>ところだっ</u>たからね。

④ **用法2**：接动词连用形后续「ている」的成分后，构成「～ているところだ」的表现形式。

⑤ **意义2**：表示某个动作正处在进行的状态中。或者表示某个人正处于某种境遇或状态中。

⑥ **译法2**："正在……"等。
- 先生は今山田さんと話をしている<u>ところ</u>です。
- ただいま電話番号を調べている<u>ところ</u>ですので、もう少々お待ちください。
- 今ちょうどご飯を食べている<u>ところ</u>なので、ちょっと待ってください。
- 家に戻ってくると、妻は着物を片付けている<u>ところ</u>でした。
- 「もしもし、山田君いますか。」
  「今お風呂に入っている<u>ところ</u>なんです。」

第十九课　时间等表现

　　○ 日本語はやりたいし、時間はないし、困っている<u>ところ</u>だ。
　　○ 私は今彼女の返事を待っている<u>ところ</u>です。

　　⑦ **用法3**：接动词连用形后续「ていた」的成分后，构成「～ていたところだ」的表现形式。
　　⑧ **意义3**：表示直到发话前的一段时间内，某个动作正处在进行的状态中。或者表示直到发话前的一段时间内，某个人正处于某种境遇或状态中。
　　⑨ **译法3**："正要……"；"正想……"等。
　　○ いい時に電話をくれました。私もちょうどあなたに電話しようと思っていた<u>ところ</u>なんです。
　　○ 君が来た時、ぼくは手紙を書いていた<u>ところ</u>だ。

　　⑩ **用法4**：接动词连用形后续「ていた」的成分后，构成「～ていたところだった」的表现形式。
　　⑪ **意义4**：表示发话前的某个时间段，某个动作正处在进行的状态中。或者表示发话前的某个时间段，某个人正处于某种境遇或状态中。
　　⑫ **译法4**："当时正……"等。
　　○ 思いがけなくも留学のチャンスが舞い込んできた。そのころ私は、将来の進路が決められずいろいろ思い悩んでいた<u>ところ</u>でした。
　　○ ありがとうございます。注意していただかなければ忘れていた<u>ところ</u>でした。

　　⑬ **用法5**：接动词连用形后续完了助动词「た」的连体形后，构成「～たところだ」的表现形式。
　　⑭ **意义5**：表示某种行为、动作刚刚结束或者结束不久。
　　⑮ **译法5**："刚刚……"等。
　　○ 今戻ってきた<u>ところ</u>です。
　　○「もしもし、今駅に着いた<u>ところ</u>です。今からそちらに行きます。」
　　○ 留学生活を終え、昨日帰国した<u>ところ</u>です。
　　○ 徹夜してがんばって、やっとのことでこの仕事を仕上げた<u>ところ</u>です。
　　○ 会議はちょうど今始まった<u>ところ</u>だから、早く会場に入りなさい。
　　○ 電話したら、あいにくちょっと前に出かけた<u>ところ</u>でした。

【7】～ところで
　　① **用法1**：接动词终止形后，构成「～するところで、～」的表现形式。
　　② **意义1**：表示前项某个动作或事项结束，刚要进入下一个段落的时候，出现了后项的事态。
　　③ **译法1**："刚要……时，……"等。
　　○ 5ページまで終わり、6ページに入る<u>ところ</u>で終了のベルが鳴ってしまいました。

④ **用法2**：接动词连用形后续完了助动词「た」的连体形后，构成「～したところで、～」的表现形式。
⑤ **意义2**：表示前项的某个动作或事项结束，已经告一段落的时候，出现了后项的事态，一般是意料之外的事件。
⑥ **译法2**："在……时，……"等。
　○ 彼は、文章の最後の一行を書いたところで、突然気を失いました。
　○ 大急ぎで走り、飛び乗ったところでバスのドアが閉まりました。
　○ ようやく事業に見通しがつくようになったところで、兄は倒れてしまいました。
　○ 話の区切りが付いたところで、終わることにしましょう。

【8】～にあたって
① **用法**：接体言或动词连体形后。也可以用「～にあたり、～」的表现形式。作连体修饰使用时，可以采用「～にあたっての～」的表现形式。
② **意义**：表示在前项的这一关键时刻或重要时期，后项如何。
③ **译法**："在……之际，……"；"值此……之际，……"；"在……的时候，……"等。
　○ 卒業にあたって、お世話になった先生に記念品を贈ることになりました。
　○ 開会にあたって、一言ご挨拶を申し上げます。
　○ 試合に臨むにあたって、相手の弱点を徹底的に研究しました。
　○ 発表するにあたって、しっかり準備をすることが必要です。
　○ 新年を迎えるにあたって、ちょっと感想を述べたいと思います。
　○ 人文科学を論ずるにあたり、まずそれが何であるかを明らかにしておかなくてはなるまい。
　○ 新しい生活を始めるにあたっての資金は、みんなの援助で何とか調達できました。

二、同时性表现

【9】～か～ないうちに
① **用法**：用「动词终止形＋か＋同一动词未然形＋ないうちに」的形式。类似表达形式还有「动词终止形＋か＋同一动词未然形＋ないかのうちに」、「动词终止形＋か＋同一动词未然形＋ないかに」。
② **意义**：表示在某种行为、动作即将完成或者某种现象即将发生的瞬间，做出后项的动作，或者发生后项的某种事态。
③ **译法**："刚一……就……"；"……未……，……"；"要……还未……，……"；"马上就要……的时候，……"等。
　○ その手紙の最初の一行を読むか読まないうちに、もう何が書いてある

のかだいたい分かってしまいました。
- 朝食に手をつけるかつけないうちに、ポケットベルで呼び出されました。
- 夜が明けるか明けないうちに、母は台所に立って朝ご飯の支度を始めました。
- 電車が止まるか止まらないうちに（止まらないかのうちに・止まらないかに）、子供たちが花束を持って駆け寄ってきました。

【10】〜（か）と思うと

① 用法：接在体言、动词终止形、形容词终止形、形容动词词干、部分助动词的终止形后。类似的表达形式还有「〜（か）と思ったら」。
② 意义：表示指出了前项的某种现象，紧接着又出现了后项的某种现象。
③ 译法："原以为……却……"；"以为……原来……"；"刚……，就……"等。

- 黒雲が空を覆ったかと思うと、たちまち辺りは薄暗くなりました。
- 空で何かピカッと光ったかと思うと、ドーンと大きな音がして地面が揺れました。
- 弟は学校から帰ってきたかと思うと、もうどこかへ遊びに行ってしまいました。
- あの人は英語が上手かと思うと、何も知りませんでした。
- 家の掛け時計は停まったかと思うと、動いているし、動いたかと思ったらまた停まっています。

【11】〜が早いか

① 用法：接在动词的终止形后面。
② 意义：表示前项动作、事项和后项动作、事项在很短的时间内几乎同时发生。
③ 译法："刚……就……"；"一……就……"；"刚一……就……"等。

- 弟は学校から帰るが早いか、かばんをほうり出してどこかへ遊びに行きました。
- 新聞記者は、臨時ニュースを聞くが早いか、もう外へ飛び出して行きました。
- その鷹は、ウサギを鋭い爪でとらえるが早いか、あっと言う間に空にまい上がりました。
- 一日中遊んでいた妹はベッドにつくが早いか、いびきをかき始めました。
- ホームで待っていた乗客は、電車のドアが開くが早いか、なだれ込みました。

【12】～次第

① **用法**：接五段动词和一段动词的连用形后，サ变动词接词干后。前项一般为对事项的自然经过的叙述，后项多为对说话人的有意识的行为表述。

② **意义**：表示前项的某个事项一旦完成，立即就采取后项的动作。

③ **译法**："一……就……"；"一……就立即……"；"一……马上……"等。

- 落とし物が見つかり次第、お知らせします。
- 仕事が済み次第、お伺いに参ります。
- 貸してくださった小説は読み終わり次第、お返しします。
- でき次第、お届けいたします。
- 雨が止み次第、出かけることにしよう。
- 新しい実験室がもうすぐできます。完成次第、器具類のテストを始める予定です。

【13】～そばから

① **用法**：接动词连体形、过去助动词「た」后。是一种稍显陈旧的表达方式，多用于消极或不太理想的场合。

② **意义**：表示前项的事情尚未做完或者刚刚做完就又出现了后项的新问题。

③ **译法**："刚……马上……"；"刚刚……就……"；"一……，就……"；"随……随……"等。

- うちの子は、洗濯するそばから服を汚してしまいます。
- 子供たちは作るそばから食べてしまうので、作っても作ってもおいつかない。
- 春の雪は冬の雪と違って、降るそばから、溶けてしまって積もりません。
- 年を取ったせいか、聞いたそばから、忘れてしまいます。
- これは評判がよくて、店に並べるそばから売れてしまいます。
- 麦畑の雑草は抜くそばから生えてくる感じです。

【14】～たとたん

① **用法**：接动词连用形后续过去助动词「た」后。后项多为说话人当场发现的情况，多少含有一点令说话人感到意外的韵味，所以，后项一般不能使用意志性动词。「～たとたん」也可以采用「～たとたんに」的形式，意义不变。

② **意义**：表示前项的某个动作刚刚做完或者某种情况刚刚发生，马上又发生了后项的某种情况。

③ **译法**："刚一……就……"；"一……就……"等。

- ドアを開けたとたん、犬が飛び込んできました。
- 家を出ようとしたとたん電話が掛かってきました。

第十九课　时间等表现

○ 試験終了のベルが鳴ったとたんに、教室が騒がしくなりました。
○ 犯人が旅館から出たとたんに警官に捕まえられました。
○ 彼女は倒れたとたんに頭を打ちました。
○ 門を出たとたんに方角が分からなくなりました。

【15】～なり

① **用法**：接动词终止形后。后项多为不寻常、令人始料不及的事项的叙述。
② **意义**：表示几乎与前项的某个动作刚刚做完的同时，发生了后项的没有预料到的事情。
③ **译法**："一……就……"；"刚一……就……"；"刚一……，就马上……"等

○ 立ち上がるなり目眩がして倒れそうになりました。
○ うちの子はいつも家に帰るなり自分の部屋に閉じこもって出てきません。
○ 彼女はしばらく電話で話していましたが、突然受話器を置くなり飛び出していきました。
○ 夫は帰ってくるなり寝てしまいました。
○ 学生たちは先生を見るなり立ち上がりました。

【16】～や否や

① **用法**：接动词终止形后。前接动词一般为瞬间性动词。
② **意义**：表示前项的某种情况刚刚发生或者某个动作刚刚做完，马上又发生了后项的某种情况或者做出某个动作。
③ **译法**："刚……就……"；"一……就……"等。

○ 窓を開けるや否や、カササギが一匹部屋に飛び込んできました。
○ 電車が止まるや否や、待っていた乗客は入り口に殺到しました。
○ 桜の花が咲くや否や、大雨が降って散ってしまいました。
○ 自分がその気になるや否や、相手の気持ちを確かめもせずに、結婚を申し込みました。
○ 弟は、学校から帰るや否や、ランドセルをほうり出して、遊びに行ってしまいました。
○ 新幹線の座席に落ち着くや否や、大いびきをかいて眠ってしまいました。

三、时间关系表现

【17】～上（うえ）で

① **用法**：接动词连用形后续过去助动词「た」、サ变动词词干后续格助词「の」的后面。

② **意义**：表示在完成前项的某个动作之后，根据其结果或情况再进一步采取后项的行动。

③ **译法**："……之后，……"；"在……之后，……"；"在……基础上……"等。

○ アンケートは、質問にお答えくださったうえで、なるべく早くご郵送ください。

○ 一応ご両親にお話なさったうえで、ゆっくり考えていただいて結構です。

○ どんな職業に就くか両親との相談のうえで、決めます。

○ 田中先生のお考えを聞いたうえで、お知らせします。

○ 野菜は四、五分間煮たうえで味をつけます。

【18】～て以来

① **用法**：接动词连用形后。类似的表达形式还有（动词连用形てから、ずっと～）等。

② **意义**：表示在完成前项的某个动作、某种行为之后，或者前项的某种情况出现以后，后项到现在为止一直处于某种状态之中。一般不用于前后项间隔时间很短的事项的表达。

③ **译法**："……以来，……"；"……以后，……"等。

○ この海辺の土地に引っ越して来て以来、喘息の発作はおさまっています。

○ 北京へ来て以来、毎日のように中国語を勉強しています。

○ スポーツクラブに通うようになって以来、毎日の生活に張りが出てきました。

○ 中日両国の国交が正常化して以来、政府でも民間でも交流が盛んに行われています。

○ 新しい政策が実行されて以来、経済がどんどん発展してきました。

【19】～てから

① **用法**：接动词连用形后。

② **意义**：表示前项的某个动作、行为的实行或某种情况的出现先于后项。

③ **译法**："……之后，……"等。

○ 北京に来てから中国語の勉強を始めました。

○ 北京大学を卒業してから、ずっとこの会社に勤めています。

○ この仕事を始めてから全部終えるまで、ちょうど半年かかりました。

第十九课　时间等表现

○ 冬休みになっ<u>てから</u>一度も学校に行っていません。
○ うちの子は父親に一度叱られ<u>てから</u>、すっかり親を怖がるようになっていました。

【20】～てからというもの

① **用法**：接动词连用形后。也可以用「～てからというものは、～」的表现形式。多用于书面表达。

② **意义**：表示以前项情况的出现为转折点，出现了后项的情况。即表示后项与前项的情况完全不一样，或者表示后项与前项比较起来，发生了很大变化。

③ **译法**："……以后，……"；"……以来，……"；"……以后,就……"等。

○ 彼女は、其の人に出会っ<u>てからというもの</u>、人が変わったようにまじめになりました。
○ 70歳を過ぎても元気だったのに、去年つれあいをなくし<u>てからというもの</u>は、別人のようになってしまいました。
○ この家に嫁いでき<u>てからというもの</u>、一度もゆっくりテレビを見たこともありません。
○ 病床に横たわっ<u>てからというもの</u>、食べ物は全然口にしません。
○ 円高の問題は深刻です。今年になっ<u>てからというもの</u>、円高傾向は進む一方です。

【21】～てからでないと

① **用法**：接动词连用形后。类似的表达形式还有「～てからでなければ、～」等。

② **意义**：表示如果不照前项那样做的话，就会发生后项的事情。后项一般为消极的、不太好的事情。

③ **译法**："如果不……，……"；"若不……，……"；"假如不……，……"等。

○ きちんと確かめ<u>てからでないと</u>失敗しますよ。
○ りんごを食べるなら、皮を剥い<u>てからでないと</u>、農薬が心配です。
○ 木村教授には前もって電話し<u>てからでないと</u>、お会いできないかも知れません。
○ 親と相談し<u>てからでないと</u>、決めることができません。
○ 信号がちゃんと青になっ<u>てからでないと</u>渡ってはいけませんよ。

【22】～てはじめて

① **用法**：接动词连用形后。

② **意义**：表示在经历了前项所叙述的某件事情之后，才对后项所叙述的事项有了新的认识。后项所叙述的事项，一般为以前没有注意到的事情，或者为

虽然注意到了但没有认真考虑过的事情。

③ **译法**："只有……才能……"；"……才……"；"只有……之后，才……"等。

○ 自分が親になってはじめて、両親の愛の深さに気づきました。
○ 病気になってはじめて健康の有り難さが分かります。
○ 言われてはじめて、自分がいかに愚かであったかに気がつきました。
○ 才能があるだけでなく、部下の気持ちが分かってはじめて、りっぱな上司だと言えるのです。
○ このように互いに協力し合ってはじめて、問題が解決できるのです。

【23】〜てこそ

① **用法**：接动词连用形后。类似的用法还有「〜てのみ、〜」等。
② **意义**：表示只有做了前项那样的事情才能得出后项那样的好的结果。
③ **译法**："……才……"；"只有……才……"；"只有……才能……"等。

○ この木は雨の少ない地方に植えてこそ価値があるのです。
○ こんな問題は皆で話し合ってこそ意味があります。
○ 互いに助け合ってこそ本当のクラスメートと言えるのではないでしょうか。

【24】〜に先立って

① **用法**：接体言或动词连体形后。
② **意义**：表示先于前项做后项这一应该做的事情。即后项为前项的前期准备工作。
③ **译法**："在……之前……"；"在……以前……"；"先于……，……"等。

○ 大統領来日に先立って、事務次官レベルの事前協議が始まりました。
○ 計画実行に先立って、大衆の許可を求める必要があります。
○ タイトルマッチでは、試合開始に先立ってセレモニーが行われることになっていました。
○ 交渉を始めるに先立って、お互いの人権問題を議題にしないという暗黙の合意が両国の間にできたようです。
○ 開会を宣告するに先立って、今回の災害の犠牲者に黙祷を捧げたいと思います。

【25】〜を通して

① **用法**：接表示期间意义的体言后。类似的表现形式还有「〜を通じて、〜」等。
② **意义**：表示在前项所叙述的整个期间内，后项持续保持某种状态或继续某种行为。

③译法："整个……"；"不论……"；"全部……"等。
  ○ この地方は一年を通して雨の降る日が少ないです。
  ○ 私は、年間を通して読む本を決め、計画表に書き込んでいます。
  ○ この仕事は彼の一生を通して最も困難な仕事でした。

Ⅱ. 语词注解

1 知らず知らずのうちに＝不知不觉之中。
2 グーグー＝呼呼（大睡）。
3 （……に）かかる＝着手……。
4 気がつく＝察觉，理会到。
5 エンストを起こす＝（汽车）灭火。
6 （……に）とりかかる＝着手……，开始……。
7 足をのばす＝（向比预定的地点更远的地方去）又向某地多走了一程。
8 丹念（たんねん）＝精心，细心。
9 落（お）ち込（こ）む＝情绪低落。
10 快（こころよ）く＝高兴地，愉快地。
11 家族ぐるみ＝（「ぐるみ」是结尾词，意思为"连……"、"带……"。）阖家。
12 舞（ま）い込む＝（出乎意料地）到来。
13 話の区切（くぎ）りがついた＝话告一段落。
14 （……に）手をつける＝着手……，开始……。
15 ほうり出（だ）す＝丢开。
16 いびきをかく＝打呼噜，打鼾。
17 なだれ込む＝（许多人）蜂拥而入。
18 テスト＝试验，测验，检查。
19 目眩（めまい）がする＝头晕。
20 カササギ＝喜鹊。
21 ランドセル＝学生用的背包。
22 落ち着く＝在某处安顿下，落下脚。坐稳。
23 味（あじ）をつける＝调味。
24 張（は）りが出る＝有了干劲。
25 つれあい＝配偶。
26 愚（おろ）か＝愚蠢，愚笨，糊涂。
27 タイトルマッチ＝（体育运动的）选手权赛。
28 セレモニー＝仪式，典礼。

III. 课后练习

一、从a.b.c.d中选出最符合句子意义的惯用词语，将其符号填写在句中的[ ]内。

1. あの人はなかなか仕事を覚えない。教える[ ]忘れてしまうんだから。
   a. やいなや　　　　b. そばから　　c. が早いか　　d. なり
2. 鈴木君は急に立ち上がった[ ]、大声で「やめろ」と叫んだ。
   a. かと思うと　　　b. 次第　　　　c. そばから　　d. やいなや
3. 試験が終わった[ ]、急に緊張が解けて倒れそうになりました。
   a. やいなや　　　　b. なり　　　　c. とたん　　　d. 次第
4. 出発[ ]、ツアーガイドから旅行中の注意点を聞きました。
   a. にあたって　　　b. にあって　　c. 最中　　　　d. そばから
5. 今日は昼休みですので、二時になっ[ ]来てください。
   a. てから　　　　　b. てからというもの
   c. てからでないと　d. てこそ
6. 修業のベルが鳴る[ ]、皆は教室を飛び出していきました。
   a. ところに　　　　b. ところへ　　c. ところを　　d. が早いか
7. このように互いに協力し合っ[ ]問題が解決できるのだ。
   a. て以来　　　　　b. てはじめて　c. たとたん　　d. てからでないと
8. ぼくは今君のところへ行こうとする[ ]。
   a. ところだ　　　　b. ところを　　c. ところへ　　d. ところに
9. 中古車の購入[ ]は、外観だけでなく内装もよく見た方がいい。
   a. にあって　　　　b. においては　c. に際して　　d. おり
10. 明るい[ ]帰りましょう。
    a. うちに　　　　　b. ところに　　c. ところへ　　d. ところで
11. 電車の中で眠っている[ ]、財布をとられたらしい。
    a. そばから　　　　b. 次第　　　　c. うちに　　　d. に先立って
12. 仕事が済み[ ]、お伺いに参ります。
    a. 上で　　　　　　b. 次第　　　　c. を通して　　d. たとたん
13. 今日の[ ]手紙を書いてしまいましょう。
    a. おり　　　　　　b. うちに　　　c. 最中　　　　d. 際
14. 計画実行[ ]、周りの人たちの許可を求める必要がある。
    a. に先立って　　　b. にあって　　c. 次第　　　　d. 際
15. 彼女は教室に入ってきた[ ]、いきなり泣き出しました。
    a. うえで　　　　　b. かと思うと　c. うちに　　　d. あいだ
16. おらもさっきから、そう思っていた[ ]。
    a. ところだ　　　　b. ところ　　　c. ところ　　　d. ところに

14

17. 太郎は二時間目の授業が終わった［　　］、すでに三分の二近くの弁当を食べてしまっていた。
    a. ところで　　　b. うちに　　　c. おり　　　d. ところだ
18. 彼は先生に叱られ［　　］ずっと元気がない。
    a. たとたん　　　b. てこそ　　　c. てから　　　d. てはじめて
19. 仕事で札幌に行った［　　］、足をのばして小樽に寄ってみました。
    a. 次第で　　　b. うちに　　　c. おりに　　　d. 最中

第二十课　期间等表现

一、期间表现
二、状况表现
三、状态表现

Ⅰ.语法解说

一、期间表现

【26】～あいだ

① **用法1**：用「あいだ」的形式。接在格助词「の」、形容词连体形、动词后续「ている」的成分后面。后项一般为持续着的某种情况的叙述，一般由动作动词直接结束句子时，多采用「～ている」「～つづける」的表现形式。

② **意义1**：表示限定范围，即表示一段时间内的持续状态。

③ **译法1**："在……时，……"；"在……期间，……"；"……时，一直……"等。

○ 春から夏のあいだ、蛙は土の上を飛び跳ねたり、水の中を泳いで元気に過ごします。
○ 彼が戻ってくるまでのあいだ、閲覧室で雑誌を読むことにしました。
○ 子供が小さいあいだは、なかなか夫婦での外出ができませんでした。
○ 私がコーヒーの用意をするあいだ、彼女は緊張して一言もしゃべらずに坐っていました。

④ **用法2**：「あいだに」的形式。接在格助词「の」、动词连体形、形容词连体形、形容动词连体形、动词后续「ている」的成分后面。

⑤ **意义2**：表示限定范围，即表示在某段时间内采取某种动作或发生某种事情。

⑥ **译法2**："……的时候，……"；"趁着……的时候，……"等。

○ 夏のあいだにすっかり日焼けして黒くなりました。
○ 私がてんぷらを揚げるあいだに、母は酢の物と味噌汁を作りました。
○ あそこも日本人旅行者が少ないあいだに行っておかないと、きっとすぐ

に開発されて日本人だらけになるでしょう。
○ 祖父と祖母が元気なあいだにいろいろ話を聞いておきましょう。
○ 社長がシャワーを浴びているあいだに、私たちは書類を用意しました。

【27】〜うちに
① **用法1**：接格助词「の」、动词连体形、形容词连体形、形容动词连体形、否定助动词「ない」的后面。前项一般为表示某种状态的词语，后项多用动作动词。
② **意义1**：表示在前项的现有状况下，或者在前项的情况尚未发生变化之前，在限定的时间范围内，做出后项的某个动作或进行某种行为。
③ **译法1**："趁着……的时候，……"；"在……期间，……"等。
○ 庭に植えたひまわりは、留守のうちにかなり大きくなっていました。
○ 独身のうちにいろいろなことをやってみたいです。
○ 北京にいるうちに、一度万里の長城を登りたいと思います。
○ 近いうちに新しく出来た図書館に行ってみるつもりです。
○ 朝の涼しいうちにジョギングに行きました。
○ 父と母が元気なうちに、一度一緒に外国旅行にでも行こうと思います。

④ **用法2**：接在动词连用形后续「ている」的成分后。前项一般为动作动词，后项一般为表示某种变化的词语。
⑤ **意义2**：表示在做着前项某件无意而且不能控制的动作过程中，出现了后项的某种情况。
⑥ **译法2**："正在……期间，……"；"正在……的过程中，……"；"着……着就……"等。
○ 友達と話をしているうちに、学校に着きました。
○ お酒を飲んでいるうちに、だんだん顔が赤くなってきました。
○ 手紙を書いているうちに、ふと彼女が今日こちらに来ると言っていたことを思い出しました。

【28】〜ないうちに
① **用法**：接动词未然形后。
② **意义**：表示前项的动作尚未进行，就要开始做后项的动作；或者表示前项动作尚未完成或事情尚未发生，而后项动作已经做出或事情已经发生。
③ **译法**："在……之前……"；"趁着还没……就……"；"趁着尚未……的时候，……"等。
○ お父さんが帰ってこないうちに急いでプレゼントを隠しました。
○ 知らないうちに隣は引っ越していました。
○ 信号が赤に変わらないうちに急いで交差点を渡りました。
○ 雨がひどくならないうちに、早く帰りましょう。

【29】～際
① **用法**：接体言后续格助词「の」或用言连体形后。也可以用「～際に～」或「～際は、～」的表现形式。作连体修饰使用时，采用「～際の～」的表现形式。
② **意义**：表示在前项的某个特定的时期、时候，进行后项的动作或出现后项的情况。
③ **译法**："……时……"；"……的时候……"等。
○ 先週北京へ行った際、大学の時の同級生を訪ねました。
○ 発車の際、少々揺れますので、ご注意ください。
○ これは山田さんが国へ帰る際に私にくれた本です。
○ お別れの際に申し上げたいことがあります。
○ 薬を服用する際は、注意書きをよく読んでください。
○ こちらにおいでの際は、ぜひわたくしどもにもお立ち寄りください。
○ 訪問する際は、相手方の失礼にならないように前もって都合を聞くのが礼儀です。
○ これは昨年スポーツ大会を行った際の記録です。

【30】～最中
① **用法**：接名词后续格助词「の」或动词连用形后续「ている」的后面。也可以用「～最中に～」的表现形式。同时还可以用「～最中だ。」的表现形式直接结束句子。
② **意义**：表示正在进行前项动作的时候，出现了后项的情况或开始了后项的动作。
③ **译法**："正在……的时候，……"等。
○ 太郎さんは、会議の最中に居眠りを始めてしまいました。
○ 食事の最中に、席を立ったりしてはいけませんよ。
○ この騒ぎの最中に、店の商品に手をつけて立ち去った者がいました。
○ 授業をしている最中に非常ベルが鳴り出しました。
○ その件は私たちの方で話し合っている最中だから、最終結論を出すのはもうちょっと待ってくれないか。
○ 昨日の断水の時私はちょうどシャワーの最中でした。

【31】～ところに
① **用法**：接在形容词连体形、动词连体形、动词连用形后续「ている」成分、动词连用形后续完了助动词「た」的连体形后面。后项多出现移动性动词或动作性动词。
② **意义**：表示正在实行前项的某种行为的时候，出现了后项的情况。
③ **译法**："正在……的时候，……"等。
○ いいところにいらっしゃいました。一緒にコーヒーを飲みませんか。
○ 晩ご飯を食べているところに友達が訪ねて来ました。

○ 私はまだ寝ているところに同級生の山田さんが来ました。
○ 出かけようとしたところに電話がかかってきました。
○ お医者さんが食事をしようとしているところに急病人の知らせを受け、すぐ箸を置いて立ち上がりました。

【32】～ところへ
① 用法1：接在动词连体形、动词连用形后续「ている」成分、动词连用形后续完了助动词「た」的连体形后面。后项多出现移动性动词。
② 意义1：表示正在实行前项的某种行为的时候，出现了后项的情况。
③ 译法1："正在……的时候"等。
○ 門を出ようとするところへ、郵便配達が速達を持って来ました。
○ 授業が始まったところへ山田さんがあわてて教室に入って来ました。
○ ようやく実行する方向に意見がまとまったところへ思わぬ邪魔が入った。
○ 出かけようとしているところへ友達が訪ねてきました。
○ ガールフレンドの写真をながめているところへ同級生の山田さんが来ました。

④ 用法2：接在动词连用形后续「ている」、「ていない」成分的后面。后项多出现动作性动词。
⑤ 意义2：表示在前项的某种不幸的状况下，又出现了后项的某种不好、不幸或是意外的情况。
⑥ 译法2："正在……的时候，又……"等。
○ あの人は失業しているところへ肝炎にやられました。
○ 隣のお爺さんは貧乏しているところへ一人っ子の息子に死なれました。
○ 小麦がまともに育っていないところへ虫害にやられました。

【33】～ところを
① 用法：接在动名词后续格助词「の」、形容词连体形、动词连体形、动词连用形后续「ている」成分、动词连用形后续完了助动词「た」的连体形后面。后项多出现动作性动词，而且，多为他动词的被动态。
② 意义：表示正处在前项的某种状态以及正在实施或者将要实施前项的某种行为的时候，出现了后项的情况。
③ 译法："正……时"等。
○ お休みのところを起こしてしまってすみません。
○ お忙しいところをわざわざ御出でくださってありがとうございます。
○ 家を出かけようとするところを母に呼び止められ、いろいろ用事を頼まれました。
○ こっそりタバコを吸っているところを父に見つかりました。

○ 男は金庫からお金を盗み出そうとしているところを現行犯で逮捕されました。
○ 危うく暴漢に襲われかけたところを、ある警官に助けてもらいました。

【34】～にあって

① **用法1**：接体言后。

② **意义1**：表示在处于前项这种特殊时期或特殊情况下，后项如何。前项与后项为顺接关系。即前项内容与后项内容为相互协调、相互吻合的关系。

③ **译法1**："身处……，……"；"在……，……"等。
○ 我が国は経済成長期にあって、人々の表情も生き生きとしています。
○ 住民代表という立場にあって、寝る時間も惜しんでその問題に取り組んでいます。
○ あの国は経済不況下にあって、大学生の就職難は一段と厳しさを増えてきました。

④ **用法2**：接体言后。

⑤ **意义2**：表示虽然处于前项这种特殊时期或特殊情况下，后项却如何。前项与后项为逆接关系。即后项内容与前项内容属于不协调、不吻合的关系。

⑥ **译法2**："虽然……，但是……"；"虽然……，还是……"等。
○ 母は病床にあって、なおも子どもたちのことを気にかけています。
○ 部長という職にあって、不正を働いていたとは許せません。
○ この非常時にあって、君はどうしてまだそんなに平気でいられるのか。

⑦ **用法3**：接体言后，后续提示助词「は」，构成「～にあっては、～」的表现形式。多用于书面语。

⑧ **意义3**：表示既然处于前项这样一种情况下，后项就会或者就应该如何。前项与后项，既可以构成顺接关系，也可以构成逆接关系。

⑨ **译法3**："在……之中，……"；"处于……，……"等。
○ ストレスによる病気というのは、この現代にあっては避け難い現象でしょう。
○ 熱帯地方にあっては、こんな美しい雪景色が見られません。
○ こんな厳寒の地にあっては、新鮮な野菜が食卓に上がるなど、滅多にないことです。

⑩ **用法4**：接体言后，后续提示助词「も」，构成「～にあっても、～」的表现形式。多用于书面语。

⑪ **意义4**：表示即使处于前项这样一种情况下，后项也不会或者也不应该如何。前项与后项属于逆接关系。

⑫ **译法4**："即使处于……，也……"等。

○ 山田さんは苦境にあっても、めげずに頑張っています。
○ 温かい家庭の中にあっても、彼女の心は満たされませんでした。
○ 彼は死の間際にあっても、世界の平和を願い続けました。

【35】～において
① **用法1**：接体言后。作连体修饰使用时，采用「～においての～」或「～における～」的表现形式。多用于书面语。
② **意义1**：表示后项的情况是在前项给出的场所、环境、方面、时期、过程、状况、范围等条件下出现的。
③ **译法1**："在……"等。
○ 開幕式は運動場において盛大に行われました。
○ この木はある一定の環境においてしか花を咲かせません。
○ その時代において、女性が社会へ進出するのは珍しいことでした。
○ 調査の過程において、様々なことが明らかになりました。
○ 人間はその日常生活において、常に色彩と密接な関係があります。
○ 上海においての首脳会談が終わりました。
○ 中学校における英語教育のあり方は、その後の外国語学習に大きな影響を及ぼします。

④ **用法2**：接体言后，后续提示助词「は」，构成「～においては、～」的表现形式。多用于书面语。
⑤ **意义2**：表示尤其是在前项给出的场所、环境、方面、时期、过程、状况、范围等条件下，会出现后项的情况。
⑥ **译法2**："在……"等。
○ それは日本社会においては、建前っていうもんだよ。
○ 造形の美しさにおいては、この作品が優れています。
○ 日本語の文法においては、誰も彼におよびません。

⑦ **用法3**：接体言后，后续提示助词「も」，构成「～においても、～」的表现形式。多用于书面语。
⑧ **意义3**：表示即使是在前项给出的场所、环境、方面、时期、过程、状况、范围等条件下，也会出现后项的那种情况。
⑨ **译法3**："在……，也……"等。
○ 現在、職場だけでなく家庭においてもパソコンが使われています。
○ 日常生活においても、プラスチックの優れた性質を利用している例が多いです。
○ このラジオは価格も安いし、性能の点においても申し分がありません。

⑩ **用法4**：接体言后，后续提示助词「も」，构成「～においても、～においても、～」的表现形式。多用于书面语。

⑪ **意义4**：表示不管处于前项给出的两种情况的哪一种情况下，都会出现后项的情况。

⑫ **译法4**："无论是……还是……，都……"；"无论在……还是在……，都……"等。

○ その映画は国内においても国外においても、人々の好評を博しています。

○ 過去においても現在においても、我々の立場は確固不動である。

二、状况表现

【36】～たる

① **用法**：用「体言＋たる＋体言」的表现形式。前接词多为表示人的身份、性别、状态等的名词。由文言的「であり」演变而成，语气较为庄严、夸张，多用于书面语或演说等。

② **意义**：用来强调前接词的特性。

③ **译法**："作为……，……"；"作为……的……"等。

○ 夫たる者は夫らしく、妻たる者は妻らしくしなければなりません。

○ 国家の指導者たる者は緊急の際に素早い判断ができなければなりません。

○ 百獣の王たるライオンをカメラにおさめたいとサファリに参加しました。

【37】～ともなると

① **用法**：接体言、动词终止形、动词型助动词终止形后。也可以用「～ともなれば、～」的表现形式，意义基本不变。

② **意义**：表示一旦前项所叙述的内容成为了现实，后项也就会随之发生相应的变化。

③ **译法**："一旦……，就……""要是……，就……"等。

○ 主婦ともなると、独身時代のような自由な時間はなくなります。

○ 人気歌手ともなると、ファンが騒ぐので、自由に外出もできなくなります。

○ 九月ともなれば、真夏の暑さはなくなり過ごしやすくなります。

【38】～にしては

① **用法**：接体言、部分助词、动词连体形、动词型助动词连体形后。

② **意义**：表示就前项内容的性质或情况来看，后项的结果非同一般。

③ **译法**："就……而言，……"；"作为……来说，……"；"照……来说，……"等。

○ あの人は年にしてはふけて見えます。

○ このアパートは都心にしては家賃が安いです。

○ 始めたばかりにしては、ずいぶん上達したものです。
○ 近々結婚するにしては、あまり楽しそうな様子ではありません。
○ この絵は小学生が描いたにしては、よくできています。

【39】～にしてみれば
① **用法**：接人称代词或表示人的名词后。
② **意义**：表示从前接词的角度、立场等来看如何。
③ **译法**："从……来看"；"从……角度来看"；"作为……来说"等。
○ 今何の歌が流行っているかなんて、私にしてみればどうでもいいことです。それよりもっと大切なことがたくさんあります。
○ 親にしてみれば、それは無理もない話です。
○ 新入社員にしてみれば、このような機会は得難いものでした。

【40】～わりに
① **用法**：接体言后续格助词「の」以及用言连体形后。也可以用「～わりに（は）、～」或「～わりあいに（は）、～」的表现形式。
② **意义**：表示后项内容与前项内容不符、不相配。
③ **译法**："和……比起来"等。
○ 彼女は年のわりには若く見えます。
○ 勉強するわりによくできません。
○ あの人は、威張っているわりに気が弱いです。
○ 値段が高いわりには、ものがよくありません。
○ あまり勉強しなかったわりには、昨日の試験の成績はまあまあでした。

三、状态表现

【41】～ことなく
① **用法**：接动词连体形后，构成连用修饰。多用于书面语。也可以用「～こともなく」的表现形式。「も」起加强语气的作用。
② **意义**：表示某人在该做却没有做前项动作的情况下，做了后项的动作。或者表示应该或可能出现的前项情况却没有出现的状况下，持续着后项的某种状态或出现了后项的某种结果。
③ **译法**："不……，……"；"不……就……"；"不……而……"等。
○ 彼はすこしもためらうことなく、その仕事を引き受けました。
○ 彼女は振り返ることもなく行ってしまいました。
○ 彼は友達に知らせてあげることもなく、帰国してしまいました。
○ 雪は止むことなく降り続いています。
○ 我々は、いつまでも変わることなく友達だ。

【42】～ことなしに

① **用法**：接动词连体形后。多用于书面语。
② **意义**：表示某人在没有做前项动作的情况下，做了后项的动作。
③ **译法**："不……就……"；"不……而……"；"没有……而……"等。
　○ 昔は、親に許可を得ることなしに、結婚することはできませんでした。
　○ 血を流すことなしに、国家を守ることができるのか。
　○ 彼女は勉強のために、夏休みも国に帰ることなしに、ずっと学校にとどまっていました。

【43】～なしに

① **用法**：接动名词后，构成连用修饰。也可以用「～なしで」的表现形式。意义与「～ことなしに」相同。多用于书面语。
② **意义**：表示某人在没有做前项动作或不具备前项事物的情况下，做了后项的动作。
③ **译法**："不……就……"；"不……而……"；"没有……而……"等。
　○ 断わりなしに人の部屋に入るな。
　○ 彼は休みなしに、一日中ぶっつづけで働きました。
　○ 眼鏡なしで小説を読むと、すぐ目が痛くなります。

【44】～抜（ぬ）きで

① **用法**：接体言后，构成连用修饰。也可以用「～ぬきの」的表现形式构成连体修饰。
② **意义**：表示省去前项而进行后项。或者表示不经过前项的某人或某物而进行后项。
③ **译法**："去掉……"；"省去……"等。
　○ この集まりでは、形式張ったこと抜きで気楽にやりましょう。
　○ この後は偉い人抜きで、若手だけで飲みに行きましょう。
　○ 急ぎますので、あいさつ抜きで用件だけ言います。
　○ 今晩の会はアルコール抜きのパーティーなんですよ。

【45】～ぬきに～ない

① **用法**：「ぬきに」接体言后；「ない」接可能动词或动词可能态的未然形后。也可以用「～ぬきには～ない」的表现形式，或用其他表示否定的词代替「ない」。
② **意义**：表示省去了前项就无法进行后项。
③ **译法**："没有……就不能……"等。
　○ 国家の資金援助抜きに研究を続けることは不可能です。
　○ この計画は、みんなの協力抜きには実行できない。
　○ このチームは山田さん抜きには考えられません。

【46】～を込（こ）めて

① **用法**：接体言后。
② **意义**：表示满含着前项的某种心情做后项的某件事情。
③ **译法**："满含着……"；"怀着……"等。
- あれでも精いっぱい心を込めて歌っているのだから、そんなに笑っちゃ失礼だよ。
- 山田さんにお世話になったことへの感謝をこめて、記念品を送りました。
- 子供が元気に成長するようにという願いをこめて、ひな祭りをしました。

【47】～を抜（ぬ）きにして

① **用法**：接体言后。也可以用「～はぬきにして」或「～をぬきにしては」的表现形式。另外，还可以用「～をぬきにしての～」的表现形式构成连体修饰。
② **意义**：表示省去前项而进行后项，或除去前项不谈而进行后项。
③ **译法**："除去……，"；"省去……"等。
- 給料の安さをぬきにして考えれば、この会社は働きやすそうです。
- 味噌汁をぬきにしては、日本人の食文化を語ることはできません。
- 前置きはぬきにして、早速本題に入ることにします。
- 車を抜きにしての生活なんて考えられません。

II．语词注解

1. ジョギング＝（为维护或增进身体健康而进行的）户外慢走，慢跑。
2. ガールフレンド＝女朋友。
3. 暴漢（ぼうかん）＝歹徒。
4. 取（と）り組（く）む＝努力着手解决（问题）。
5. 滅多（めった）に＝（与否定形式呼应）不常，很少。
6. めげる＝屈服，颓唐，退缩。
7. パソコン＝个人电脑。
8. プラスチック＝塑料。
9. サファリ＝游猎远征，旅行。
10. ファン＝（体育、电影、明星等的）爱好者，喜欢者，迷。
11. ふけて見える＝（比实际年龄看上去）显老，面老。
12. アルコール＝酒精，酒。

III. 课后练习

一、从a.b.c.d.中选出最符合句子意义的惯用词语，将其符号填写在句中的[ ]内。

1. 警察官[   ]ものが人の物を無断で持ち去るとはどうしたことか。
    a. たる   b. ともなると   c. なしに   d. ぬきで
2. そうこうしている[   ]、一ヶ月たって帰国する時が来ました。
    a. うちに   b. 際   c. 最中   d. おり
3. 家まで歩き皆寝しずまった[   ]床を取ってすぐ寝た。
    a. あいだ   b. にあって   c. において   d. ところへ
4. 会話が跡切れた[   ]、奥の方から太郎の独り言が聞こえてくる。
    a. うちに   b. にあって   c. 最中   d. ところに
5. 食事の[   ]に相談しましょう。
    a. 最中   b. おり   c. あいだ   d. ところ
6. 冬にならない[   ]、綿入れをつくっおこう。
    a. うちに   b. ところに   c. ところを   d. ところで
7. お降りの[   ]は、お忘れ物のないよう、お気を付けください。
    a. ところ   b. あいだ   c. 際   d. 最中
8. 大事な電話の[   ]に、急にお腹が痛くなってきた。
    a. おり   b. 最中   c. ところ   d. ところを
9. 何時も早起きの娘だが、休みの日[   ]、昼頃まで寝ている。
    a. ともなると b. にあって   c. にしては   d. にしてみれば
10. 貧乏人[   ]ずいぶん立派なところに住んでいる。
    a. に際して   b. にしては   c. において   d. にあって
11. ぼくは軽い気持ちで話していたが、あの人[   ]大きな問題だったのだろう。彼女は落ち込んで誰とも口をきかなくなってしまった。
    a. にしては   b. にしてみれば   c. において   d. にあって
12. 彼女は一日中休む[   ]ボランティア活動をし続けた。
    a. ことなく   b. なしに   c. ぬきで   d. わりに
13. 鈴木さんは忙しい人だから、約束[   ]人と会ったりしないだろう。
    a. にしては   b. ことなく   c. ことなしに   d. なしに
14. リスクを負う[   ]新しい道を切り開くことはできないだろう。
    a. ことなしに   b. にしては
    c. にしてみれば   d. ともなると
15. 前置きは[   ]、さっそく本論に入りましょう。
    a. なしに   b. ぬきで   c. をぬきにして d. わりに
16. ぼくは起きるのが遅くなると、朝ご飯[   ]授業に出る時もある。
    a. なしに   b. をぬきにして
    c. をこめて   d. ともなると
17. これは鈴木さんが帰国する[   ]ぼくにくれた日本の小説だ。
    a. 際   b. うちに   c. あいだ   d. 最中

第二十一课　手段等表现

一、手段表现
二、相关关系表现
三、关联表现

Ⅰ. 语法解说

一、手段表现

【48】～によって
① 用法：接体言后。前项为后项的连体修饰时，用「～による～」的表现形式。
② 意义：表示用前项的这种手段或方法做后项所叙述的事情。
③ 译法："通过……"等。
　○ インターネットによって世界中の情報が簡単に手に入るようになりました。
　○ うちの大学では、平常の成績と試験の結果によって採点します。
　○ 給料をカットすることによって、不況を乗り切ろうとしています。
　○ 花は散ることによって生命の輝きを示すものです。
　○ 辞書によって、知らない言葉の意味を調べます。

【49】～によると
① 用法：接体言后。类似的表现形式还有「～によれば、～」等。后项的谓语一般后续表示传闻的「そうだ」「ということだ」「とのことだ」或表示推测的「でしょう」「だろう」「らしい」等附加成分。
② 意义：表示后项所述的信息的来源。
③ 译法："据……说"；"根据……报道"；"看……的样子"等。
　○ 専門家の説明によると、この機械は廃棄物を処理するためのものだということです。
　○ 今の空模様によると、明日は多分晴れるでしょう。
　○ 天気予報によると、台風が近づき、午後には強風と雨が来るらしいです。

○ 聞くところによると、今年一年間に一千万匹ものカブトムシが売られたそうです。
○ 弟からの手紙によると、兄は来年、中国の自転車旅行を計画しているとのことです。

【50】〜を通（つう）じて

① **用法**：接体言后。类似的表现形式还有「〜を通して、〜」「〜を手段として、〜」「〜を間に立つものとして、〜」等。

② **意义**：表示某人或某一方以某个人或者某种事物为中介，传达或获得某种信息及情况，或者与另一方建立某种关系。也可以用来表示某种信息或情况是通过某个人或者某种事物才得以传达或获得的。还可以用来表示某个问题通过某种方法、手段、媒介得到解决。但中介物不能是交通工具。

③ **译法**："通过……"等。
○ 私は彼女のことをテレビのニュースを通じて知りました。
○ 実践を通じて誰が真の友人であり、誰が偽の友人であるかを見極めることがあります。
○ A社はB社を通じてC社とも提携関係にあります。
○ サークル活動を通じて、山田さんと友達になりました。
○ その話は山本さんを通じて相手にも伝わっているはずです。
○ インタビューの申し込みは、マネージャーを通じてお願いします。
○ この問題は自由な討論を通じて解決すべきです。

【51】〜を通（とお）して

① **用法**：接体言后。类似的表现形式还有「〜を通じて、〜」等。

② **意义**：表示以某个人、某件事或者某种动作为中介或手段，获得某种知识、经验，或者达到某种目的。也可以用来表示某个人或某一方以某个人或者某种事物为中介，传达某种信息或情况。还可以用来表示某个问题通过某个人或某种方法、手段、媒介得到解决。

③ **译法**："通过……"等。
○ 私たちは友人を通して知合いになりました。
○ 二年間の文通を通して、二人は恋を実らせました。
○ 実験を通して得られた結果しか信用できません。
○ 子供は、学校で他の子供と一緒に遊んだり学んだりすることを通して、社会生活のルールを学んでいきます。
○ 入学試験の結果は、先生を通して、ぼくたちみんなに伝えられました。

【52】〜をもって

① **用法1**：接体言后。多用于书面表达。
② **意义1**：表示以前项为方法、手段、工具、材料等实行后项的动作。
③ **译法1**："以……"；"用……"等。

第二十一课　手段等表现

○ ふつうは日本語は漢字と平仮名<u>をもって</u>書き表します。
○ 甚だ簡単ですが、これ<u>をもって</u>ご挨拶の言葉といたします。
○ 実験の結果は、来月書面<u>をもって</u>ご報告します。
○ このレポート<u>をもって</u>、結果報告とします。
○ この後、主人公は戦場に行き、戦争の悲惨さを身<u>をもって</u>知ることになるのです。

④ **用法2**：接体言后。多用于书面表达。
⑤ **意义2**：表示以前项为原因、理由进行后项的动作。
⑥ **译法2**："因……，……"等。
　　○ 山本太郎さんは老齢<u>をもって</u>引退しました。
　　○ あの人は秀才<u>をもって</u>聞こえます。

⑦ **用法3**：接数量词或时间词后。多用于书面表达。
⑧ **意义3**：表示以前项给出的数量、时间为界限进行后项的动作。正式的致辞等场合多用「～をもちまして～」的敬体表现形式。
⑨ **译法3**："以……为……"等。
　　○ 収入の多少<u>をもって</u>、その人の値打ちを決めることはできません。
　　○ 当店は七時<u>をもちまして</u>閉店させていただきます。
　　○ 只今<u>をもちまして</u>受付は締め切らせていただきます。

二、相关关系表现

【53】～に従（したが）って

① **用法1**：接动词终止形后面。更书面化的表达方式用「～に従い、～」的形式。类似的表现形式还有「～につれて、～」「～にともなって、～」等。
② **意义1**：表示随着前项的变化或发展，后项也相应地发生变化。
③ **译法1**："随着……"等。
　　○ 祖父は、年を取る<u>にしたがって</u>、ますます短気になってきました。
　　○ 産業が発達する<u>にしたがって</u>、自然の破壊もまた、急速に広がっています。
　　○ この材質は年月を重ねる<u>に従って</u>、美しいつやが出てきます。
　　○ 登る<u>にしたがって</u>道が険しくなります。
　　○ 都市の人口が増加する<u>に従って</u>、交通機関の混雑が激しくなってきました。
　　○ 上昇する<u>に従い</u>気温が上がります。

④ **用法2**：接名词的后面。更书面化的表达方式用「～に従い、～」的形式。类似的表现形式还有「～につれて、～」「～にともなって、～」等。

⑤ **意义2**：表示某个人或某些人遵照前项而行事。即表示某个人或某些人遵照前项的某种规则、某项指示而进行后项的某个动作或者实施某种行为。还可以表示一方跟随另一方如何。

⑥ **译法2**："按照……""听从……""跟着……"等。
- 上司の命令にしたがって不正を働きました。
- 私は父母の言葉にしたがってアメリカへ留学に行くことにしました。
- 自分のその時の必要にしたがって、計画を自分自身で立てればよいのです。
- 生徒たちが先生の後ろにしたがって歩いています。
- 引率者の指示に従い行動します。

【54】〜につれて

① **用法**：接动名词或动词终止形后面。更书面化的表达方式用「〜に従い、〜」的形式。类似的表现形式还有「〜にしたがって、〜」「〜にともなって、〜」「〜とともに、〜」等。

② **意义**：表示笼统的比例关系。即表示随着前项的某种事态的发展或情况的变化，后项也相应地呈现出某种事态的变化。

③ **译法**："随着……"等。
- 生活レベルの向上につれて、人々の考え方も変わってきました。
- 日本語の上達につれて、日本人の友達が増え、日本での生活が楽しくなってきました。
- 科学技術の進歩につれて、飛行機の速度は音速以上にまであげられるようになりました。
- 辺りが暗くなるにつれて、北風はいっそう強くなりました。
- 年がたつにつれて、娘を失った悲しみもしだいに薄らいできました。
- 年を取るにつれて、性格も変わってきました。

【55】〜に伴（ともな）って

① **用法**：接动名词、动词连体形以及动词连体形后续形式名词「の」的后面。为书面用语，一般用于规模较大的场合，而不用于私人琐事。较生硬的说法用「〜に伴ない、〜」的形式。类似的表现形式还有「〜につれて、〜」「〜にしたがって、〜」等。

② **意义**：后项与前项的关系为伴随关系。即表示与前项的某种变化相关联，后项也相应地发生变化。

③ **译法**："伴随着……"；"随着……"等。
- 体の成長に伴って、精神的な面も育っていき、考え方や行動も変わっていきます。
- 交通の発達に伴って、人力車や蒸気機関車などは、次々にその姿を消していきました。
- 気温の上昇に伴って湿度も上がり蒸し暑くなってきました。

○ 北方での生活に慣れるに伴なって、よく眠れるようになりました。
○ 地球の温暖化に伴ない、海面も急速に上昇しています。
○ 高齢化に伴ない、老人医療の問題も深刻になりつつあります。

【56】～ば～ほど
① 用法：主要有以下各种表现形式：「动词、形容词假定形＋ば＋同一词连体形＋ほど～」；「形容动词词干＋であれ＋ば＋ある＋ほど～」；「用言连体形＋ほど～」「体言＋ほど～」。另外，判断句时一般用「～であればあるほど～」的形式；サ变动词时一般用「～すればするほど～」的形式。类似的表现形式还有：「体言、形容动词词干、动词终止形＋なら＋体言、用言连体形＋ほど～」；「体言、用言连体形＋ほど～」。
② 意义：属于两种情况之间发生的程度上的比例性的变化。即表示一方随着另一方程度的变化而变化。
③ 译法："越……越……"等。
○ 刀は研げば研ぐほど切れます。
○ 中国では、南へ行けば行くほど暑くなります。
○ 優秀な学生であればあるほど、知識を一方的に与えるような授業はつまらなく感じるのでしょう。
○ 外国語は練習すればするほど上手になります。
○ 眠ろうとすればするほど目が冴えてきます。
○ お礼の手紙を出すのは早ければ早いほどいいです。
○ 人は謙遜であればあるほど他人から尊敬されるものです。
○ 日本語はやるほど難しくなるという話です。
○ 考えるほどわけが分からなくなります。

三、关联表现

【57】～いかんによって（は）
① 用法：接体言或体言后续格助词「の」的后面。也可以用「～いかんで（は）」的表现形式。也可以用「～は～いかんだ。」的形式结束句子。
② 意义：表示后项事项的成立与否要看前项的条件如何而定。
③ 译法："根据……（如何，而）……"等。
○ 参加するかどうかはその日の体調いかんによって決めさせていただきます。
○ 天候のいかんによっては旅行を中止することもある。
○ 今度の事件をどう扱うかは指導者の考え方いかんです。

【58】～次第だ
① 用法：接体言后。

② **意義**：表示某个事项能否成立完全取决于某种条件。
③ **译法**："要看……如何"；"由……而定"；"全凭……"等。
○ 泳げるようになるかならないかは、君たちの練習次第だ。
○ 万事は君の決心次第だ。
○ ぼくが承知するかしないかは先方の言い出す金額次第だ。

【59】〜次第で
① **用法**：接体言后。
② **意義**：表示根据前项的情况如何而产生后项的结果。
③ **译法**："要看……（如何，而）……"等。
○ 君の言い方次第で彼女の怒りも解けるかもしれない。
○ 結婚した相手次第で人生が決まってしまうこともある。
○ 世の中は金次第でどうにでもなる。

【60】〜次第では
① **用法**：接体言后。
② **意義**：表示后项事项如何成立取决于前项的情况如何。
③ **译法**："根据……（如何，而）……"等。
○ 天候次第では、計画を変更するかもしれない。
○ 今後の努力次第では、目標の大学の試験に合格するのも夢ではない。
○ 売れ行き次第では、増産も考えなければならない。

【61】〜度(たび)に
① **用法**：接动词连体形、体言后续格助词「の」或连体词「その」的后面。强调其语义时，也可以用「〜たびごとに」的表现形式。
② **意義**：表示每当前项的行为动作发生时都会伴随有后项事态的发生。
③ **译法**："每当……"等。
○ 会議がある度に彼は必ず出席する。
○ 会う度に坊やは大きくなっている。
○ 彼は外出する度に風邪を引く。
○ この写真を見る度に小さい時のことを思い出す。
○ 窓から風が吹き込むと長い髪の毛が頬にかかり、その度に彼女は白い手で押さえた。

【62】〜に応(おう)じて
① **用法**：接体言后。连体修饰用「〜に応じた〜」的表现形式。
② **意義**：表示根据前项的具体内容、情况变化等，对后项事项做出适当的调整或改变。
③ **译法**："根据……"；"随着……"等。
○ 私たちは、話し相手に敬意を表すために必要に応じて、ていねいな言葉づかいをします。

○ 味が薄ければ、自分の好みに応じて、塩を適当にふって食べてください。
○ 無理をしないで、体力に応じた運動をすることが、長続きさせるこつです。

【63】～につけて
① **用法1**：接动词连体形后。也可以用「～につけ」的表现形式。后项不能用含有意志行为的表现形式。
② **意义1**：表示当事人每当做前项事情的时候，就会不由自主地产生后项那样的某种感觉。
③ **译法1**："一……就……"；"每当……就……"等。
○ 彼女の姿を見るにつけて、若い時のことが思い出される。
○ この曲を聞くにつけて、楽しかった子供時代のことが思い出される。
○ そのことを考えるにつけ後悔の念にさいなまれる。

④ **用法2**：接疑问词后。也可以用「～につけても」的表现形式。一般都是固定的表现形式。
⑤ **意义2**：表示某个人或某些人不管在什么样的场合，或者不管遇有什么样的机会都如何。
⑥ **译法2**："不论……"等。
○ 何事につけても、我慢が肝心だ。
○ 何かにつけて、彼女は私のことを目のかたきにする。
○ 彼女は病身のため、何かにつけて、気短になっている。

【64】～によって
① **用法**：接体言后。根据前后内容，也可以用「～によっては」的表现形式。
② **意义**：表示后项内容在前项的个别情况下成立。
③ **译法**："根据……不同而……"等。
○ 時と場合によって、考え方を変えなければならないこともある。
○ 人によって見方が違う。
○ 明日はところによっては、雪が降るかもしれない。

【65】～をきっかけにして
① **用法**：接体言后。
② **意义**：表示后项事项以前项事项为原因或契机而成立。
③ **译法**："以……为契机……"；"以……为开端……"等。
○ 彼は、就職をきっかけにして、生活を変えた。
○ あの国は第二次世界大戦をきっかけにして高度成長の時代を迎えたと言われる。
○ 彼女は結婚をきっかけにして髪をきった。

【66】〜を契機にして

① 用法：接体言后。也可以用「〜を契機として」或「〜を契機に〜」的表现形式。
② 意义：表示以前项事项为转换点出现了后项的事态。
③ 译法："以……为契机……"等。

○ 彼は就職を契機にして親元を出た。
○ 転職を契機にして、彼女は実力を発揮し、業界で名を上げていった。
○ 日本は敗戦を契機として国民主権国家へと転換したと言われている。
○ この作品を契機に、モーツァルトの活動の第二期が始まると考えられている。

II．语词注解

1 インターネット＝互联网。
2 カットする＝削减（工资）。
3 インタビュー＝采访；接见，会见。
4 マネージャー＝管理人，经理，干事。
5 ルール＝规则，章程；法则。
6 短気（たんき）になる＝变得没耐性，性急起来。
7 不正（ふせい）を働く＝做坏事；贪污。
8 研（と）ぐ＝磨（刀剪等）。
9 切（き）れる＝（刀）快。
10 髪（かみ）の毛（け）が頬（ほほ）にかかる＝头发盖在脸上。
11 モーツァルト＝（人名）莫扎特。

III．课后练习

一、从a.b.c.d.中选出最符合句子意义的惯用词语，将其符号填写在句中的[ ]内。

1. 警察や消防は何時でも要請[　　]出動します。
　　a.によって　　　b.によると　　c.を通して　　d.に応じて
2. 現象[　　]本質をつかむ。
　　a.をもって　　b.にしたがって　　c.を通して　　d.に応じて
3. 話し合い[　　]、次のことが決まりました。
　　a.に応じて　　b.につれて　　c.につけて　　d.によって
4. 魚は、時間がたつ[　　]鮮度が落ちる。
　　a.に応じて　　b.につれて　　c.につけて　　d.に伴なって

第二十一课　手段等表现

5. あの人は皮肉屋［　　］知られている。
   a. をもって　　b. を通して　　c. を通じて　　d. をこめて
6. 日本語は、平仮名、片仮名、漢字［　　］表記されます。
   a. につれて　　b. によって　　c. に伴なって　　d. に応じて
7. 選手一人一人［　　］トレーニングの内容を決めなければなりません。
   a. につれて　　b. に従って　　c. に伴なって　　d. に応じて
8. 世間に難事はなく、ただ心がけ［　　］。
   a. によって　　b. 次第だ　　c. をもって　　d. につれて
9. ぼくは国慶節の［　　］、新しい洋服をこしらえる。
   a. をきっかけにして　　　　b. を契機にして
   c. たびに　　　　　　　　　d. を通じて
10. 病気で入院したの［　　］、酒とたばこをやめることにした。
    a. をきっかけにして　　　　b. をもって
    c. をこめて　　　　　　　　d. をぬきにして
11. 日本語が上達する［　　］、日本人の友達も多くなってきました。
    a. につけて　　b. に応じて　　c. に従って　　d. につれて
12. おばが母の誘い［　　］、田舎から上京してきました。
    a. につけて　　b. に応じて　　c. に従って　　d. につれて
13. 江戸の町が大きくなる［　　］、人口も増えてきました。
    a. につけて　　b. に応じて　　c. に従って　　d. につれて
14. 国の政策［　　］、人々の暮らし方が変わってくるのは明らかだ。
    a. いかんによって　　　　　b. につけて
    c. に従って　　　　　　　　d. につれて
15. 高齢化の進行［　　］、様々な社会問題が生じてくる。
    a. に伴なって　　b. につけて　　c. によると　　d. に応じて

第二十二课　断定等表现

一、断定表现
二、评价表现

Ⅰ.语法解说

一、断定表现

【67】～しか(～)ない

① **用法1**：用「数量词、名词、部分助词＋しかない」的形式。

② **意义1**：表示唯一式的限定。即表示仅有前接成分这一种情况，而无其他情况。

③ **译法1**："只……"；"仅……"；"只能……"；"只有……"等。
○ 今日、50円しかないから、劇を見に行くことはできません。
○ 国連が創設された時、加盟国は51しかありませんでした。
○ この病気を治す方法は手術しかないそうです。
○ 今日はこれだけしかありません。

④ **用法2**：用「体言＋でしかない」的形式。

⑤ **意义2**：表示性质的限定。即表示对前接词给出一种较低的评价或判断。

⑥ **译法2**："只不过是……"；"只能是……"等。
○ 時間がなくて行くことができないと言っているが、それは口実でしかありません。本当は行きたくないのでしょう。
○ あの人は社長にまでなったが、親の目から見るといつまでも子供でしかないようです。
○ 人の前で威張っているが、家では子供に相手にされないさびしい父親でしかありません。
○ どんなに社会的な地位のある人でも死ぬ時はひとりの人間でしかありません。

⑦ **用法3**：用「动词终止形＋しかない」的形式。

第二十二课　断定等表现

⑧ **意义3**：表示唯一的选择。即表示只有前接词这一种行为、动作、作用等可供选择，没有其他选择的可能性。

⑨ **译法3**："只好……"；"只能……"；"只有……"等。
- 冷蔵庫の中に何もありません。インスタント・ラーメンを食べるしかありません。
- 大雪でバスが停まってしまったし、自転車もないし、学校まで歩くしかありません。
- ビザの延長ができなかったのだから、帰国するしかありません。
- コーヒーもなければお茶もないので、水を飲むしかありません。
- お金がないから、借りるしかないでしょう。
- 上司と合わないし、ストレスがたまる一方だし、会社を辞めるしかありません。

⑩ **用法4**：用「体言、数量词、部分助词＋しか＋动词未然形＋ない」的形式。

⑪ **意义4**：与「动词终止形＋しかない」的意义基本相同，只是用法上的不同。即表示只有前接词这一种行为、动作、作用等作为选择。

⑫ **译法4**："只……"；"仅仅……"等。
- 私は朝は牛乳しか飲みません。
- 今年はあの人には一度しか会いませんでした。
- 私は英会話しか習いませんでしたから、英語の本はよめません。
- 一年を通じてたった50ミリしか雨が降りませんでした。
- これから用事があるので、半時間しか待てません。
- 象はアフリカとアジアにしかいません。
- このドラマは18歳からしか見ることはできません。
- あのデパートは夜七時までしか営業していません。
- 私は自然のものだけしか食べません。

【68】〜でなくてなんだろう

① **用法**：接体言后。也可以用「〜でなくてなんであろう」、「〜でなくてなんでありましょう」、「〜でなくてなんだろうか」、「〜でなくてなんであろうか」、「〜でなくてなんでありましょうか」的表达形式。常用于小说、随笔等书面语言。

② **意义**：表示强意的肯定。即表示"不是这个那又会是什么呢？只能是这个。"之意。

③ **译法**："不是……又是……"；"不正是……吗？"等。
- これが痴人の夢でなくてなんでありましょう。
- 彼のためなら死んでもいいとまで思う。これが愛でなくてなんであろう。
- 公害、これが今の重大な問題でなくてなんでありましょう。

○ 出会ったときから二人の人生は破滅へ向かって進んでいった。これが宿命でなくてなんだろうか。
○ もう亡くなったお父さんを見たって？幻覚よ、幻覚。幻覚でなくてなんだろう。

【69】～というものだ

① **用法**：接体言、形容动词词干、动词和形容词终止形以及助动词终止形后。

② **意义**：表示说话人对某个事实的断定或评判。

③ **译法**："才是……"；"这才是……"；"正是……"；"就是……"等。

○ 長い間の研究がようやく認められた。努力の甲斐があったというものだ。
○ バスのなかで居眠りをしている間に財布を盗まれるなんて、不注意というものだ。
○ あの人は公費で海外旅行をした。それはずうずうしいというものだ。
○ こんなに易しい会話もできないのはあまりに勉強足りないというものだ。
○ どんなに一生懸命やってもうまく行かないときもある。これが現実というものだ。

【70】～に決(きま)っている

① **用法**：接体言、动词连体形、形容词连体形、形容动词词干以及部分助动词的连体形后。类似的表现形式还有「～にちがいない」「～に相違ない」等。如果表示说话人不同意对方的推测而坚持自己的判断时，也可以用「～にきまっているじゃないか」「～にきまっているじゃないの」的表现形式。

② **意义**：表示具有比较可靠根据的说话人的推断。即表示说话人的一种确信的推测或语气强烈的断定。

③ **译法**："肯定……"；"一定……""必定……"；"必然……"等。

○ 彼のようなやり方では失敗するに決まっている。
○ こんなに悪い点をとったのでは、お母さんに叱られるに決まっている。
○ そんなにたくさんの塩を入れたら、塩辛いに決まっている。
○ 何度やってもだめだから、今度もどうせだめに決まっている。
○ あんなに勉強もしないで遊んでばかりいては、落第するに決まっている。
○ そんなことを言ったら相手が気を悪くするに決まっているじゃないか。
○ 半時間も遅く出ていったのだから、遅刻したに決まっているじゃないの。

第二十二课　断定等表现

【71】〜にすぎない
　①用法：接体言、数量词、动词连体形以及部分助动词的连体形后。敬体用「〜にすぎません」的形式。
　②意义：表示事物不超出某个范围或某种程度。即强调程度低、不重要、不值得重视等。
　③译法："只不过……"；"只不过是……"等。
　　○ 今お話したことは、ほんの一例にすぎません。同じようなことはほかにもたくさんあります。
　　○ 今度の事件は氷山の一角にすぎません。
　　○ 十年の年月は、歴史の歩みから見るなら、ほんの一瞬にすぎません。
　　○ お前の言っているのは屁理屈にすぎない。
　　○ いくら働いても、一ヶ月の収入はわずか八万円にすぎない。
　　○ 英語ができるといっても、日常の易しい会話ができるにすぎません。
　　○ 私はただ成すべきことをしたにすぎません。
　　○ それが本当にあるかどうかは知りません。例として言っているにすぎないのです。

【72】〜に違（ちが）いない
　①用法：接体言、形容动词词干、动词和形容动词连体形后。常与副词「きっと」「必ず」等呼应使用。敬体的说法为「〜にちがいありません」。多用于书面语，用于口语会给人以夸张的感觉。口语常常用「きっと〜と思います」的表现形式来代替。
　②意义：表示有一定的依据的对客观事物的推断。即表示说话人基于某种认识或客观情况，做出比较可靠的推断。不过，推断的语气没有「〜にきまっている」那么强烈。
　③译法："一定……"；"肯定……"等。
　　○ あんなに素晴らしい車に乗っているのだから、あの人は金持ちにちがいない。
　　○ 学生の憂うつそうな様子からすると、試験は難しかったにちがいない。
　　○ これは田中さんの忘れ物にちがいありません。
　　○ 私が行かなかったら、母はきっと悲しく思われるにちがいありません。
　　○ そんなことをするのはあの人にちがいありません。

【73】〜にほかならない
　①用法1：接体言、动词终止形、部分助动词终止形后。常常用「〜（の・こと）は〜にほかならない」的表现形式。敬体表现形式为「〜にほかなりません」。
　②意义1：表示断定。即表示"只此无他"、"正是"、"无非是"、

"不外乎"式的断定。

③ **译法1**："不外乎……"；"无非是……"等。
- 今度の事故の原因はスピードの出し過ぎにほかなりません。
- 光も波の一種にほかならない。
- 人間は自然の中に生きている一種の生物にほかならない。
- 年を取るというのは、即ち経験を積むということにほかならない。
- 先生が生徒を厳しく要求するのは、生徒を愛しているにほかならないからです。
- 私が今話したことは、この本に書いてあることを分かりやすく説明したにほかならない。

④ **用法2**：接接续助词「から」或名词「ため」后。常常用「～(の・こと)は～から・ためにほかならない」的表现形式。敬体表现形式为「～にほかなりません」。

⑤ **意义2**：表示对原因、理由的断定。即表示"那正是由于"、"那无非是因为"式的断定。

⑥ **译法2**："不外乎是因为……"；"无非是因为……"等。
- 彼女が私を憎むのは、私の業績を妬んでいるからにほかならない。
- 私がこうあなたを叱ったりするのは、あなたを愛しているからにほかならないのです。
- 子どもたちがおばあさんのうちへ遊びに行きたがるのは、小遣いをもらえるからにほかならない。
- 若い人が外来語を好むのは、それなりの理由があるからにほかならないのだ。
- あの人が肺ガンになったのは、セメント工場で長年働いたためにほかならない。

二、评价表现

【74】～に当(あ)たらない

① **用法**：接动词终止形或动名词后。前接词一般为表示惊讶、称颂、感慨、责难等意义的动词或动名词。常用「～にはあたらない」的形式，也可以用「～にあたらないじゃないか」「～にあたらんじゃないか」的形式。另外还经常和「～からといって」等表示理由的词句呼应使用。敬体用「～に(は)あたりません」的形式。

② **意义**：表示不值得如前接词那样做。

③ **译法**："用不着……"；"不必……"等。
- このことならわざわざ出向くに当たらない、電話で十分だ。
- これはありふれたことで驚くに当たらない。

○ 彼がわざとそんなことをしたのではないから、怒るには当たらない。
○ いくらなんでもそう怒るに当たらんじゃないか。
○ 彼女一人だけ仲間を置いて下山したからといって、非難するには当たらない。あのような天候のもとではそれ以外の方法はなかっただろう。
○ 子どもがちっとも親の言うことを聞かないからといって、嘆くには当たらない。きっといつか親の心が分かる日が来る。
○ 彼の成功は指導教師の援助に負うところが大きいのです。称賛には当たりません。

【75】〜ばそれまでだ

① **用法**：接动词假定形后。也可以用「〜たらそれまでだ」的表现形式。
② **意义**：表示某种情况或某项事物的价值，随着某种情况的出现而终结。
③ **译法**："如果……的话也就完了"；"若……的话也就算结束了"等。
○ いくらお金をためても、死んでしまえばそれまでだ。
○ 女の子なんて、いくら可愛がって育てても嫁に行ってしまえばそれまでだ。
○ いくらたくさんの本を買っても、本棚に並べているだけで使わなければそれまでだ。
○ 自殺なんかするもんじゃない、死んでしまえばそれまでだから。
○ この頃の学生はドライだね。学校にいる間は家に遊びに来たりしているくせに、卒業すればそれまでで、後は手紙一通もよこさないんだから。
○ いくら一生懸命に勉強しても、試験当日に病気になったらそれまでだ。

【76】〜ほかない

① **用法1**：接动词连体形后。也可以用「〜ほかはない」、「〜よりほかはない」的表现形式。为书面用语。类似意义的表现形式还有「〜ほか仕方がない」、「〜ほか仕様がない」、「〜ほか手がない」、「〜ほかすべがない」等。
② **意义1**：表示被迫不得已而采取某种行为。即表示并非内心所愿，只因没有其他办法，不得已而为之之意。
③ **译法1**："只好……"；"只有……"；"只能……"等。
○ 気は進まないが、社長の命令なので従うほかない。
○ 誰も代わりにやってくれる人がいないので、自分でやるほかはない。
○ 飛行機で行くものだから、あまり重いものは別に船便に託するほかない。
○ 私はなんと言ってこの嬉しさを表せばいいのか分からなくて、ただ恥ずかしく笑うほかなかった。

○ 津波で家族も家も失ってしまい、たったひとりの姉に頼るほかない。
○ 入学試験も目前に迫った。ここまでくれば、がんばるよりほかはない。

④ **用法2**：用「～というほかはない」的表现形式。接句子或形容动词词干后。敬体表现形式为「～というほかはありません」。为较生硬的书面用语。
⑤ **意义2**：表示断言。即表示"只能说是"之意。
⑥ **译法2**："无非是……"；"只能说是……"；"确实是……"等。
○ あんな高い所から落ちたのにこの程度の怪我で済んだのは、幸運だったというほかはない。
○ 何の準備もせずに冬山に登るなど、無謀というほかはない。
○ 前世の記憶をもった人がいるという。それが事実だとしたら、ただ不思議というほかはない。

【77】～上で

① **用法1**：接在体言加格助词「の」的后面，即「体言＋の＋上で」的表现形式。也可以采用「体言＋の＋上では」的表现形式。常常采用「～の上で（は）～が、～。」、「～の上で（は）～のに、～。」等的呼应表现形式。
② **意义1**：表示某种信息的出处。具体地说就是，后项情况的叙述是在前项信息基础上做出的（虽说如此，实际上却是另一番情景）。
③ **译法1**："……上……，但……"；"……上……，可……"等。
○ データの上では視聴率は急上昇しているが、周りの人に聞いても誰もそんな番組は知らないと言います。
○ その果樹園は地図の上では近くてすぐ行けそうに見えるが、実は坂がたくさんあってかなり行きにくい場所なのです。
○ 暦の上では春になったが、まだまだ寒い冬です。
○ 暦の上ではもう春だというのに、まだまだ寒い日が続いています。

④ **用法2**：接在体言加格助词「の」、动词连体形或部分助动词连体形的后面。也可以采用「～上では」的表现形式。还可以采用连体修饰的形式，即「～上での～」的表现形式。
⑤ **意义2**：表示范围或方面。即表示在前项给出的范围内后项如何之意。
⑥ **译法2**："在……上"；"……方面"；"关于……"等。
○ ああ、いいよ、とは言ったものの、気持ちの上ではすっきりしなかった。
○ 土地の売買は、手続きの上で面倒なことがある。
○ 文法の上では、別に大きな間違いはありません。
○ 外国語を学ぶ上で、最も重要なことは常に外国語で話すことです。
○ パソコンを買う上で注意しなければならないことは何ですか。

○ この発明は農業を発展させる上で大きな役割を果たしています。
○ 酒の上での失敗がもとで、一生を棒にふる男もいる。

⑦ **用法3**：接在动词连用形后续完了助动词「た」的后面。即为「动词连用形＋た＋上で、〜」的表现形式。可以构成连体修饰，即「动词连用形＋た＋上での〜」的表现形式。也可以采用「动词连用形＋た＋上、〜」的表现形式。另外，还可以接在动名词后续格助词「の」的后面。

⑧ **意义3**：表示在前项采取的行为、动作的基础上，视其情况，进行后项的某种行为或动作。

⑨ **译法3**："……之后"等。
○ アンケートは、質問にお答えくださった上で、なるべく早くご郵送ください。
○ 見た上で決めたらどうですか。
○ 一応ご両親にお話なさった上で、ゆっくり考えていただいて結構です。
○ では、本人と相談した上で、改めてご返事させていただきます。
○ 金を貸してやると言ったのは、お前がちゃんと職についてまともな生活に戻った上でのことだ。働かないで遊んでばかりいる奴に金を貸すわけにはいかない。
○ 例のことは皆と一応相談の上お知らせします。

【78】〜からいうと

① **用法**：接在体言的后面，即「体言＋からいうと、〜」的表现形式。类似的表现形式还有「体言＋からいえば、〜」、「体言＋からいって、〜」等。不能直接接在人称代词或表示人的名词后。

② **意义**：表示立场、角度与判断之间的关系。即表示从前项的立场或角度出发，在后项做出某种判断或说明。

③ **译法**："从……来说"；"就……来讲"等。
○ 金星は、大きさだけからいうと、地球によく似た星です。
○ 私の立場からいうと、それは困ります。
○ 能力からいうと、田中さんの方が優れています。
○ 年齢からいうと、田中さんはもうとっくに引退してもいいはずです。
○ 民主主義の原則から言えば、あのやり方は手続きの点で問題があります。
○ あの態度からいって、花子さんは太郎さんと結婚したくないようです。

【79】〜からすると

① **用法**：接在体言的后面，即「体言＋からすると、〜」的表现形式。也可以用「体言＋からすれば、〜」「体言＋からしたら、〜」、「体言＋からして、〜」等的表现形式。类似的表现形式还有「体言＋からみて、〜」、

「体言＋からいって、〜」等。

② **意义**：表示立场、角度与评价之间的关系。即表示从前项的立场或角度出发，做出后项的评价。

③ **译法**："从……来讲"；"从……考虑"；"从……来看"；"就……来说"；"按……来衡量"；"根据……来判断"等。

○ あの口ぶりからすると、彼女はもうそのことを知っているようだな。
○ あの言い方からすると、私は彼に嫌われているようだ。
○ あの人の性格からすると、そんなことで納得するはずがないよ。
○ 米を作る農家からすると、涼しい夏はあまり有り難くないことだ。
○ ある意味からすれば、彼女の果たした役割もかなり大きいです。
○ 少しぐらい交通が不便でも、環境の良さという点からすれば、こんないいところはない。
○ 弟の成績からすると、大学受験はちょっと無理だ。
○ その教え方からして、田中先生はかなり経験豊かな方らしい。
○ この事は生産者側からしても有益なことだと思います。

【80】〜から見(み)ると

① **用法**：接在体言的后面，即「体言＋からみると、〜」的表现形式。也可以用「体言＋からみれば、〜」「体言＋からみたら、〜」等的表现形式。可以直接接在人称代词或表示人的名词后。类似的表现形式有「〜からいうと、〜」、「〜からいえば、〜」、「〜からすると、〜」、「〜からすれば、〜」等。

② **意义**：表示立场、角度与评价之间的关系。即表示从前项的立场或角度出发，做出后项的评价。与「〜からいうと」的意义基本相同，只是用法上稍有不同。

③ **译法**："从……来看"；"根据……来看"等。

○ キリスト教から見ると、それはおかしな考え方だ。
○ 結果から見ると、その計画は、初めから無理だったのだ。
○ 先生から見ると、私のやり方は間違っているのかもしれませんが、私はこれがいいんです。
○ 子どもたちから見ると、大人は一体何をやっているんだ、ということになるんだろうね。
○ お前のような人から見ると、ぼくの主張していることなんかは急進的すぎるということになるんだろうね。
○ あのころから見ると、この町も、そしてぼく自身もすっかり変わってしまった。

【81】〜として

① **用法1**：接在体言的后面。
② **意义1**：表示前项为后项的某种资格、身份、立场、名目等。即表示后

项的事项是在前项的什么资格、身份、立场、名目下成立的。
③ **译法1**："以……资格"；"以……身份"；"以……立场"；"作为……"等。
- 親として子供のことを心配するのは当たり前でしょう。
- 趣味として書道を勉強しています。
- 会長の代理として会議に出席しました。
- 軽井沢は古くから避暑地として人気があるところです。
- 私は交換研究員として北京大学にやってきました。
- あの人は、評論家としてより、むしろ作家としての方がよく知られています。
- 風景画家として私が出発したのは、このような地点からでした。
- 弁護士としてではなく、一人の人間としての立場から発言したいと思います。

④ **用法2**：接在表示最小数量的数量词后。一般与否定形式呼应使用，即构成「一としてーない」的表现形式。此时的数量词一般为以"一"字打头的数量词或是疑问词后续以"一"字打头的数量词。疑问词后续以"一"字打头的数量词时，其数量词可以省略，且意义基本不变。

⑤ **意义2**：表示全面否定，即表示没有一个例外，全都不或是没有怎样。

⑥ **译法2**："没有一……，……"等。
- 高級品ばかりで、一つとして私が買えそうな品物は見当たりません。
- 私は興味を持ったものはすぐに始めるが、長続きしたものは一つとしてない。
- 誰（一人）として、私の提案を支持してくれる人はいませんでした。
- その後の男の行方を知る者は、誰一人としていない。
- 今度の試験では、一人として満点を取った学生はいませんでした。
- 先生の話は難しすぎて、ぼくは何一つとして理解できなかった。

⑦ **用法3**：接在表示人或组织名称的名词后。「として」后续提示助词「も」，构成「ーとしてもー」的表现形式。可以采用「ーといたしましてもー」这种礼貌、谦恭的表达方式。

⑧ **意义3**：表示即使从前项的立场或观点出发，后项的内容也同样，没有变化。有暗示持相同观点或立场的其他的人或组织存在的含义。

⑨ **译法3**："……也……"；"作为……也……"；"作为……方面也……"等。
- 私としても、微力ながら、協力したいと思います。
- 教師としても、学生諸君の意見を無視するわけにはいかないでしょう。
- 会社といたしましても、この度の不祥事は誠に遺憾に思っております。

⑩ **用法4**：接在表示人或组织名称的名词后。「として」后续提示助词「は」，构成「～としては～」的表现形式。可以采用「～といたしましては～」这种礼貌、谦恭的表达方式。
⑪ **意义4**：表示从前项的立场或观点来看，后项的内容怎样。
⑫ **译法4**："作为……"等。
○ 私<u>としては</u>、どうしても断わるわけにはいきません。
○ 彼女<u>としては</u>、会社を辞める以外には方法がなかったのでしょう。
○ 親<u>としては</u>、ああとしか答えようがなかったのでしょう。
○ 私<u>といたしましては</u>、ご意見に賛成しかねます。
○ 月5万円の生活費は大学生<u>としては</u>決して多いとは言えません。

⑬ **用法5**：接在表示人或组织名称的名词后。可以与「～にしては～」的表现形式互换使用。
⑭ **意义5**：表示前接词在所属的范围或是某个特定的范围内，其某种特性向上或是向下偏离其平均值。或者表示其属于某一特定的范畴。
⑮ **译法5**："作为……"等。
○ 母は、日本人<u>としては</u>背の高い方です。
○ 父は、アメリカ人<u>としては</u>背の低い方です。
○ 学生数1500人というのは大学<u>としては</u>かなり規模が小さいです。
○ 百キロの体重は普通の男性だったらずいぶん重いと思うが、相撲取り<u>としては</u>むしろ軽い方だ。

【82】～なりに
① **用法**：接在体言或形容词终止形的后面，构成连用修饰。构成连体修饰时，用「～なりの～」的表现形式。
② **意义**：表示后项与前项的情况相符。即表示后项的事项是在前项的限度内实现的，或者表示后项事项的实现是前项做出了相应的努力的结果，此时有给予正面评价的含义。
③ **译法**："……自己"等。
○ 私には私<u>なりの</u>考え方があります。
○ 人には人それぞれ、それ<u>なりの</u>事情というものがあります。
○ 私<u>なりに</u>努力はしてみましたが、力が及びませんでした。
○ 親が留守の間は、子どもたち<u>なりに</u>一生懸命考えて、食事を作っていたようです。
○ この結論は私<u>なりに</u>悩んだ末のものです。
○ あなたはあなた<u>なりの</u>意見を持っているでしょう。自分の意見を言ってください。

【83】～にしたら
① **用法**：接在表示人的名词的后面。

第二十二课　断定等表现

② **意义**：表示说话人站在前接词的立场上对后项的事项进行推测式的叙述。用于说话人自己的时候，也只能是客观的叙述，而不能是自身立场的直接阐述。

③ **译法**："作为……来说"等。

○ せっかくの申し出を断わってしまったのだから、彼女にしたら、自分の親切が踏みにじられたと感じていることでしょう。

○ 学生の語学力を高めるには必要な訓練なのだが、学生にしたら退屈極まりない授業だと思うに違いありません。

○ ぼくにしたら親切のつもりだったのだが、言い方がきつかったのか彼女はすっかり怒ってしまった。

【84】～にしては

① **用法**：接体言、形容动词词干、动词终止形、部分助动词的终止形、部分助词后。

② **意义**：表示后项的情况与前项的情况不成比例。即表示从某种情况或状态来看，所产生的结果和一般不同。

③ **译法**："就……而言算是……"；"……就算……"；"作为……来说，……"；"照……来说，……"等。

○ あの人は年にしてはふけて見えます。

○ あの子どもは12歳にしては、柄が大きすぎます。

○ 小学校一年生の学生にしては、難しい言葉をよく知っています。

○ このアパートは都心にしては家賃が安いです。

○ 今日は冬にしては、暖かすぎます。

○ 近々結婚するにしてはあまり嬉しそうな様子ではない。

○ 下調べをしたにしては、不十分な内容だった。

○ この作文は小学生が書いたにしては、よくできています。

○ 始めたばかりにしてはずいぶん上達したものだ。

【85】～にとって

① **用法**：接体言后。前接词多为人称代词或组织名称的名词。也可以用「～にとっては～」的表现形式。前接疑问人称代词时，用「～にとっても～」的表现形式，表示无一例外的意思。

② **意义**：表示从前项的角度或立场来看后项属于何种情况。

③ **译法**："对……来说，……"等。

○ 新幹線に乗って旅行することは、私にとって生れてはじめての楽しい経験でした。

○ 彼にとってこんな修理は何でもないことです。

○ 始めて日本語を習う者にとっては、助詞の用法は一番難しいでしょう。

○ 年金生活者にとってはインフレは深刻な問題です。

○ 水は人間にとってはなくてはならないものです。
○ 二十世紀の初めは、自然科学にとって素晴らしい革命の時期でした。
○ 度重なる自然災害が国家の再建にとって大きな痛手となりました。
○ 自分を正しく知る力があることは誰にとっても大切なことです。

II．语词注解

1 威張（いば）る＝摆架子；说大话。
2 インスタント・ラーメン＝方便面。
3 ストレスがたまる＝长期的疲劳积累。
4 ミリ＝毫米。
5 ドラマ＝戏剧。
6 甲斐（かい）＝价值，效果；好处。
7 小遣（こづか）い＝零用钱。
8 セメント工場＝水泥生产厂。
9 嘆（なげ）く＝叹息；忧愁；气愤；哀求。
10 ドライ＝（待人）冷漠无情。
11 棒（ぼう）にふる＝白白浪费，白白断送，付诸东流。
12 アンケート＝问卷调查；征询意见。
13 軽井沢（かるいざわ）＝（地名）位于日本长野县东部的国际高原避暑圣地。
14 不祥事（ふしょうじ）＝悲惨事件，不幸事件。
15 退屈極（たいくつきわ）まりない＝极其寂寞无聊。
16 近々（ちかぢか）＝过几天，不久。
17 インフレ＝通货膨胀，物价暴涨。

III．课后练习

一、从a.b.c.d.中选出最符合句子意义的惯用词语，将其符号填写在句中的[ ]内。
1. 頭のいい高橋さんがこの問題が分からないとすれば、鈴木さんも分からない[　　]。
   a. に違いない　　b. にあたらない　　c. ほかない　　d. しかない
2. 毎日規則正しい生活をおくることは、健康[　　]たいへんいいことです。
   a. 上で　　b. にとって　　c. なりに　　d. として
3. やるべきことは全部やった。この上は静かに結果を待つ[　　]。
   a. しかない　　b. にあたらない　　c. に違いない　　d. にすぎない
4. ぼくは原則の[　　]譲歩することはできない。
   a. として　　b. 上で　　c. なりに　　d. にあたらない

5. 西欧風の石造りが少ないのも、石材資源が少なかったから[　　　]。
   a. に違いない　b. にあたらない　　　c. ほかない　　d. しかない
6. 今の応募状況[　　　]、締り切りまでには定員をはるかに越えそうだ。
   a. にとって　　b. にしたら　　　　c. にしては　　d. からすると
7. バスも電車もないところだから歩いて行く[　　　]。
   a. しかない　　b. にあたらない　　c. に違いない　d. にすぎない
8. 日本では「考えておきます」という返事は「だめだ」の婉曲表現[　　　]。
   a. しかない　　b. にほかならない　c. ほかない　　d. にあたらない
9. 食生活の違いは、外国で生活する人[　　　]、重大な問題である。
   a. にしたら　　b. として　　　　c. なりに　　　d. にとって
10. 子どもがいじめられたので、親[　　　]受持ちの先生のところに相談に行った。
    a. として　　　b. にしては　　　c. にしたら　　d. からみると
11. そんなに怒られるとは思ってもみなかった。からかった[　　　]のに。
    a. しかない　　b. にあたらない　　c. に違いない　d. にすぎない
12. 休みの日は休み[　　　]。
    a. にきまっている　　　　　　　b. にあたらない
    c. に違いない　　　　　　　　　d. にすぎない
13. 私の経験[　　　]、それはまったく可能なことだ。
    a. にしては　　b. からみると　　c. にしたら　　d. にとって
14. 学生が悪いことをすれば、教師[　　　]注意するのは当然だ。
    a. として　　　b. にしては　　　c. にしたら　　d. からみると
15. この研究は、生産量を十年のうちに二倍にする[　　　]。
    a. というものだ　　　　　　　　b. でなくてなんだろう
    c. ほかない　　　　　　　　　　d. しかない
16. 鈴木さんは、日本の代表[　　　]国際会議に出席しました。
    a. からみると　b. からすると　　c. からいうと　d. として

第二十三课　对象等表现

一、对象表现
二、界限、范围等表现

Ⅰ.语法解说

一、对象表现

【86】〜に関して

① **用法**：接体言后。也可以用「〜に関しては〜」的表现形式。作连体修饰使用时，一般采用「〜に関しての〜」或「〜に関する〜」的表现形式。多用于书面语。

② **意义**：表示事物或行为所涉及的对象。即后项所表示的事项是针对前项的对象而成立的。

③ **译法**："关于……"；"有关……"；"就……" 等。
   ○ 両国は今後の貿易問題に関して、共同コミュニケーションを発表しました。
   ○ 一年後に迫った受験に関して、先生から話がありました。
   ○ 私はその問題に関して、もう社長に報告しました。
   ○ この事件の真相に関して、もう一度詳しく調査しなければなりません。
   ○ 双方は、ともに関心を持つ問題に関して、十分に意見を交換しました。
   ○ 自然災害に関しては、我が国は多くの経験と知識を持っています。
   ○ 今度の事件の処理に関しては、私が万事引き受けます。
   ○ 作曲家志願だったという叔父は、音楽に関しては、ちょっとうるさいです。
   ○ その事件に関しての報告はまだ受けていません。
   ○ 中国に来る前に中国に関する本をいろいろ読みました。

【87】〜に対して

① **用法**：接体言后。也可以用「〜に対しては〜」的表现形式。作连体修

饰使用时，一般采用「～に対しての～」或「～に対する～」的表现形式。

② **意义**：表示针对前项的某个人或某件事物后项如何。即表示针对前项，后项应采取何种行为、动作或态度。

③ **译法**："对……"；"对于……"等。
○ 親に対してそんなことを言ってはいけません。
○ 敵に対して、断固とした態度を取らなければなりません。
○ 私の発言に対してみんなは猛烈に攻撃を加えてきました。
○ 先生は、生徒たちの質問に対して、一つ一つていねいに答えてくれます。
○ 現在容疑者に対しての取り調べが行われているところです。
○ お客様に対する言動には、失礼のないようにくれぐれも注意しなさい。
○ 母から、大人に対する言葉づかいにもう少し気をつけるように注意されました。

【88】～について

① **用法1**：接体言后。也可以用「～については～」的表现形式。作连体修饰使用时，一般采用「～についての～」的表现形式。郑重的表达形式为「～につきまして～」。

② **意义1**：表示事物或行为的对象。即后项所表示的事项是针对前项的对象而成立的。

③ **译法1**："关于……"；"有关……"；"就……"；"对……"；"对于……"等。
○ 日本人の生活様式について調べています。
○ 田中さんは自分自身について何も語ろうとしません。
○ あの事件について私は何も知りません。
○ この問題についてまだ何か質問がありますか。
○ 彼女も古典文学についての研究会に出席しました。
○ 皆将来についての夢を語りました。
○ 昨日大講堂で会社の経営方針についての説明会を行いました。

④ **用法2**：接在名词后续数量词的后面。

⑤ **意义2**：表示前项与后项的比例关系。即表示后项按照前项的数量给予等量的分配。

⑥ **译法2**："每……"等。
○ 車一台について三千円の使用料を頂戴します。
○ 乗客一人について二つの手荷物を持ち込むことができます。
○ 学生六人について一部屋しか割り当てられませんでした。

【89】～向けに

① **用法**：接体言后。构成连用修饰。作连体修饰使用时，一般采用「～向

けのー」的表现形式。也可以用「ー向けだ。」的表现形式直接结束句子。
② **意义**：表示后项以前项为对象。即表示后项以前项为基础而成立。
③ **译法**："以……为对象，……"；"适合于……"；"就适用于……"等。

○ これは青少年向けに書かれた小説です。
○ 当社では、輸出向けに左ハンドルの自動車を生産しています。
○ 最近、中高年向けにスポーツクラブや文化教室を開いている会社が増えています。
○ この雑誌は一般向けなので、専門用語が少なくて読みやすいです。
○ 小学生向けの辞書は字が大きくて読みやすいです。
○ うちの会社では、子供向けのテレビ番組を作っています。
○ この説明書は、日本人向けだが、中国人が読んでもとても面白く、ためになります。

二、界限、范围等表现

【90】ー限（かぎ）り

① **用法1**：接表示时间、次数、场所等的名词后。一般用连用修饰的「ーかぎりでー」、连体修饰的「ーかぎりのー」或直接结句的「ーかぎりだ。」的表现形式。
② **意义1**：表示后项内容的成立只限于前接词的场合。
③ **译法1**："以……为限"；"只限于……，……"等。

○ サービス期間は、今週限りで終わらせていただきます。
○ 父は今年限りで定年退職することになっています。
○ やり直しは二回かぎりで、あとは認めません。

④ **用法2**：接动词连体形、动词连用形后续完了助动词「た」以及动词连用形后续「ている」的成分后，用「ーかぎり、ー」或「ーかぎりでは、ー」的表现形式。
⑤ **意义2**：表示在前项内容的范围内，后项事项得以成立。
⑥ **译法2**："据……所……"等。

○ 私の知る限り、彼女は絶対にそんなことをするような人ではありません。
○ ぼくの知っているかぎりでは、そんなことはない。
○ 私の調べた限りでは、どこにも故障はありませんでした。

⑦ **用法3**：接体言后续格助词「の」或动词连体形后。可以用「ーかぎりのー」的形式构成连体修饰的用法。
⑧ **意义3**：表示以前项内容的最高限度来实行后项的行为、动作。或者表

示后项内容的成立达到了前项内容的那种极限。
⑨ 译法3："尽……"；"竭尽……"等。
○ 力の限り戦ったのだから負けても悔いはありません。
○ 事情の許す限り一度北京へ行ってみようと思います。
○ ストライキが続く限り会社では仕事ができません。
○ 北海道には、見渡す限り果てしのない野原がまだ残っています。
○ 難民たちは持てる限りの荷物を持って逃げてきました。

【91】～からして
① 用法：接体言后。类似的表现形式还有「～からすると、～」、「～からいって、～」、「～からみて、～」等。
② 意义：表示前项为后项的判断的依据。即表示从前项的情况来看后项如何。
③ 译法："单从……来看就……"；"仅从……来看就……"；"不用说别的，首先……就……等。
○ 彼女の性格からして、そんなことで納得するはずがないよ。
○ 今日の科学技術の立ち後れからして、外国に学ぶことに努力しなければならないのはもちろんである。
○ あの言い方からして、ぼくは彼女に嫌われているようだ。

【92】～から～にかけて
① 用法1：接体言后，构成「体言＋から＋体言＋にかけて、～」的表现形式。类似的表现形式还有「体言+から+体言+へかけて、～」和「体言+より+体言+にかけて、～」。连体修饰用「～から～にかけての～」的表现形式。
② 意义1：表示前项的时间范围与后项的事项之间的关系，即表示在前项的有起点和终点的某段时间范围内后项如何。
③ 译法1："从……到……"；"从……直到……"等。
○ 今月から再来月にかけて休暇を取るつもりです。
○ 昨夜から今晩にかけての台風は当地でもなかなか激しかったです。
○ 7月から8月にかけて、彼女は空路アフリカへ旅行しました。
○ 夜半より暁へかけての豪雨で、道が泥濘と化しました。

④ 用法2：接体言后，构成「体言＋から＋体言＋にかけて、～」的表现形式。类似的表现形式还有「体言+から+体言+へかけて、～」和「体言+より+体言+にかけて、～」。连体修饰用「～から～にかけての～」的表现形式。
⑤ 意义2：表示前项的空间范围与后项的事项之间的关系，即表示在前项的有起点和终点的某个空间范围内后项如何。
⑥ 译法2："从……到……"；"从……直到……"等。
○ 谷間から丘にかけて柿の木が植えてあります。
○ 私は高等学校から大学へかけて、夏目漱石の小説を愛読しました。

○ 北陸から東北にかけての一帯が大雪の被害に見舞われました。

【93】～に至(いた)るまで
①**用法**：接体言后，构成「体言＋から＋体言＋に至るまで、～」的表现形式。类似的表现形式还有「体言＋から＋体言＋まで、～」。
②**意义**：表示前项的事项或时间范围与后项的事项之间的关系，即表示在前项的有起点和极限点的某个范围内后项都如何。
③**译法**："从……到……都……"；"由……直到……"等。
○ 子どもから年寄りにいたるまで、みなデモ行進に参加しました。
○ 旅行中に買ったものからハンドバッグの中身にいたるまで、厳しく調べられました。
○ 三十年前から現在にいたるまで、私はずっとここで教鞭をとっています。

【94】～にわたって
①**用法**：接体言后。连体修饰一般用「～にわたる～」或「～にわたった～」的表现形式。
②**意义**：表示后项事项的规模之大达到了前项那样的范围。前项一般为期间、场所、次数等的范围。
③**译法**："经过……"；"一直……"等。
○ この研究グループは環境汚染の調査を15年にわたって続けてきました。
○ 癌は全世界にわたって多くの死者を出しています。
○ 彼はこの村数回にわたって訪れ、ダム建設についての村民との話し合いを行っています。

【95】～を通じて
①**用法**：接体言后。
②**意义**：表示前项的期间、范围与后项的事项之间的关系。即表示在前项给出的某一整段期间或某个范围内，后项如何。
③**译法**："在……中，……"；"在……范围内，……"等。
○ 去年は一年を通じて、たった30ミリしか雨が降りませんでした。
○ 彼女を思う私の今の気持ちは、生涯を通じて変わることはありません。
○ この法則は全世界を通じて適用します。

【96】～を通して
①**用法**：接体言后。连体修饰用「～を通しての～」的表现形式。
②**意义**：表示前项的期间与后项的事项之间的关系。即表示在前项给出的某段期间内，后项的某种事态一直在持续。
③**译法**："在……期间一直……"等。

第二十三课　対象等表现

○ ぼくは、年間を通して読む本を決め、計画表に書き込んでいます。
○ この地方は一年を通して雨の降る日が少ないです。
○ 一週間を通しての会議で、様々な意見が交換されました。

【97】～を限りに
① **用法**：接体言后。
② **意义**：表示以前项内容作为界限或最大限度，后项的事项不再持续以前的状态。
③ **译法**："以……为限，不……"等。
○ 今日を限りに今までのことはきれいさっぱり忘れましょう。
○ この会は今回を限りに解散することになりました。
○ いよいよ決勝戦、ぼくたちは、応援席から声を限りに選手たちに声援を送りました。

【98】～を皮切りにして
① **用法**：接体言后。另有「～を皮切りに、～」或「～を皮切りとして、～」的表现形式。
② **意义**：表示以前项内容为开端，后项的某种事态不断发展或某个事项持续展开。
③ **译法**："以……为限，不……"等。
○ この事件を皮切りにして、全国で同じような事件が次々と起こりました。
○ 彼は、店長としての成功を皮切りに、どんどん事業を広げ、大実業家になりました。
○ 私の話を皮切りとして次々に会員の体験談が披露されました。

【99】～をもって
① **用法**：接体言后。多用于书面语或会议等的发言。更为郑重的表现形式为「～をもちまして、～」。
② **意义**：表示以前项内容作为工具、方法、材料、时间界限、数量界限以及原因、理由等，展开后项内容的叙述。
③ **译法**："以……"；"用……"；"因……"等。
○ 普通は日本語は漢字と平仮名をもって書き表します。
○ このレポートをもって、結果報告とします。
○ ただ今をもちまして受け付けは締め切らせていただきます。
○ はなはだ簡単でございますが、これをもちましてご挨拶の言葉とさせていただきます。
○ 彼は老齢をもって引退しました。

【100】～であれ～であれ
① **用法**：接体言后，构成「体言＋であれ＋体言＋であれ、～」的表现形

式。有时也用「形容动词词干＋であれ＋形容动词词干＋であれ、～」的表现形式。主要用于书面语。

② **意义**：用来表示在前项并列提出两项事物，在后项叙述两项事物同属一种情况，哪一项都不例外。

③ **译法**："无论……和……，都……"；"……也好，……也好，都……"等。

- 過去であれ現在であれ、我々の立場ははっきりしている。
- 貧乏であれ、金持ちであれ、彼に対する気持ちは変わらない。
- 晴天であれ、雨天であれ、実施計画は変更しない。

【101】～といい～といい

① **用法**：接体言后，构成「体言＋といい＋体言＋といい、～」的表现形式。

② **意义**：用来表示说话人对某个人或者某项事物的评价。即表示就某个人或某项事物，举出它的两个方面或特性，暗示其他方面也不例外。也可用来表示所举出的两个事项都属于同样一种情况。

③ **译法**："无论……和……，都……"；"……也好，……也好，都……"等。

- 顔といい、声といい、お母さんにそっくりですね。
- この服は、色といい、デザインといい、申し訳がありません。
- 息子といい、娘といい、毎日遊んでばかりで、全然勉強しようとしません。

【102】～といわず～といわず

① **用法**：接体言后，构成「体言＋といわず＋体言＋といわず、～」的表现形式。

② **意义**：表示在前项中所举出的两个事物，哪个都不例外地属于后项的同样一种情况。或者表示使前项所举出的两个事物都呈现出后项所叙述的同样一种状态。

③ **译法**："无论……还是……，都……"；"不管……也好，……也好，都……"等。

- 息子の部屋は、机の上といわず、下といわず、紙屑だらけです。
- 風の強い日だったから、鼻といわず、目といわず、砂埃が入ってきました。
- ドアといわず、窓といわず、派手なペンキを塗りたくりました。

【103】～にしても～にしても

① **用法**：两个「にしても」都接在体言、动词连体形以及部分助动词的连体形后面，构成「～にしても～にしても、～」的表现形式。类似的表现形式还有「～にしろ～にしろ、～」和「～にせよ～にせよ、～」。

② **意义**：表示在前项中所举出的同类或者对立的两个事物，哪个都不例外

地属于后项的同样一种情况。

③ **译法**："无论……还是……，都……"；"……也好，……也好，……"等。
○ 田中さんにしても山田さんにしても、この仕事に向いているとは言えません。
○ 食べるものにしても、着るものにしても、友達の世話になっていました。
○ 当選にしても落選にしても、今回の選挙に立候補したことは大いに意味がありました。
○ 行くにしても行かないにしても、一応準備だけはしておきましょう。
○ 勝ったにしても負けたにしても、よく頑張ったと誉めてやりたいです。

【104】～にしろ～にしろ

① **用法**：两个「にしろ」都接在体言、动词连体形、形容词连体形、形容动词词干以及部分助动词的连体形后面，构成「～にしろ～にしろ、～」的表现形式。也可以用「～にせよ～にせよ、～」的表现形式。多用于郑重的书面语言。

② **意义**：表示在前项中所举出的对立的两个事物或者同类的两个事物，哪个都不例外地属于后项的同样一种情况。

③ **译法**："无论……还是……，都……"；"……也好，……也好，……"等。
○ 大国にしろ小国にしろ、それぞれ長所と短所を持っている。
○ 来るにしろ来ないにしろ、連絡ぐらいはしてほしい。
○ 寒いにしろ暑いにしろ、しばらくの間我慢しなさい。
○ 本当にしろ嘘にしろ、本物を見なければ、ぼくは信じない。
○ 英語にしろ日本語にしろ、練習しなければ向上しない。
○ 妻にしろ子供たちにしろ、彼の気持ちを理解しようとするものはいなかった。

II. 语词注解

1 万事引（ばんじひ）き受（う）ける＝承担所有责任，负全责。
2 割（わ）り当（あ）てる＝分配。
3 ハンドル＝（汽车）方向盘；（船舶）舵轮；把手；摇柄。
4 ストライキ＝罢工；罢课。
5 見渡（みわた）す限り＝一望无际的。
6 果（は）てしのない＝无边无际的。

7 ハンドバッグ＝（女性用）手提包。
8 派手（はで）＝鲜艳，华丽。
9 ペンキ＝油漆。

III. 课后练习

一、从a.b.c.d.中选出最符合句子意义的惯用词语，将其符号填写在句中的[ ]内。

1. 今回のコンサートツアーは大阪[　]全国の主要都市を回る予定です。
    a. に対して　　b. からして　　c. をもって　　d. を皮切りにして
2. この生地は手触りといい、色[　]、最高のものです。
    a. といい　　b. といわず　　c. にしろ　　d. にしても
3. 理学部を受けるにしろ文学部を受ける[　]、入試では英語が一番大切な科目です。
    a. といい　　b. といわず　　c. にしろ　　d. にしても
4. 我が社は本日[　]「B商事」としての歴史に幕を下ろし、明日から社名を「A商事」に変更することになりました。
    a. からして　　b. を通じて　　c. を通して　　d. をもって
5. その問題[　]質問したいことがある。
    a. に関して　　b. を通じて　　c. を通して　　d. をもって
6. サービス期間は、今週[　]終わらせていただきます。
    a. 限りで　　b. を通じて　　c. を通して　　d. からして
7. ぼくが手を振って合図したの[　]、彼女は大きく腕を振って応えてくれた。
    a. に関して　　b. を通じて　　c. に対して　　d. について
8. 人間にとって、自然は、[　]ない資源の宝庫であった。
    a. 限りの　　b. 限りで　　c. 限りに　　d. 限りを
9. その点[　]は、全面的に賛成はできない。
    a. からして　　b. について　　c. を通して　　d. をもって
10. いよいよ決勝戦、ぼくたちは、応援席から声を[　]選手たちに声援を送った。
    a. 限り　　b. 限りを　　c. 限りに　　d. 限りで
11. あの会社では、若い女性[　]アルコール分が少なくカラフルな、缶入りカクテルを開発中だ。
    a. からして　　b. 向けに　　c. について　　d. に関して
12. あの口ぶり[　]、彼女はもうその話を知っているようだな。
    a. をもって　　b. を通じて　　c. を通して　　d. からして
13. 首相はヨーロッパからアメリカ大陸まで八ヵ国[　]訪問し、経済問題についての理解を求めた。
    a. に関して　　b. について　　c. にわたって　　d. 向けに

14. みんな将来［　　］の夢を語った。
    a. について　　b. をもって　　c. からして　　d. にわたって
15. あの態度［　　］、彼女は引き下がる気はまったくないようだ。
    a. からして　　b. を通じて　　c. を通して　　d. をもって
16. 目には目を、歯には歯［　　］仕返す。
    a. からして　　b. を通じて　　c. を通して　　d. をもって

第二十四课　限定等表现

一、限定表现
二、非限定表现

Ⅰ.语法解说

一、限定表现

【105】～以外にない
① **用法**：接动词连体形后。也可以用「～以外はない」的表现形式。
② **意义**：表示说话人由于条件所限，只有前接内容那样一种唯一的选择。
③ **译法**："只有……"；"只能……"；"只好……"等。
　○ この問題に対しては、ただこういう結論を下す以外にない。
　○ 彼女を助けるには、ヘリコプターで行く以外にない。
　○ こうなったら、思い切ってやる以外はないでしょう。

【106】～以外に～ない
① **用法**：接体言或动词连体形后。也可以用「～以外は～ない」的表现形式。
② **意义**：表示在某个方面，除了某个人或某种做法以外没有其他可供选择的余地。
③ **译法**："除……之外再没有……"；"除非……再没有……"等。
　○ 彼以外にこの仕事をやれる人はいない。
　○ 単語は、自分で努力して覚える以外に、習得の方法はない。
　○ このことを知っている人は、ぼくら以外にはいないはずだ。
　○ あらかじめ申し込まれた方以外は、参加できません。

【107】～かぎり
① **用法1**：接用言连体形后。也可以用「～かぎりは、～」的表现形式。
② **意义1**：表示在前项的条件下必定产生后项的结果。有如果条件不成立结果也就会不一样的含义。
③ **译法1**："只要……就……"等。

○ 私がいるかぎり、何も心配しなくていいです。
○ あいつが意地を張っているかぎりは、絶対にこっちも頭を下げないつもりだ。
○ 私の目の黒いかぎり、お前に勝手なことはさせないぞ。

④ **用法2**：接「である」或「ない」的连体形后。
⑤ **意义2**：表示只要是或者不是如前项所给出的内容那样，后项的事项就不会成立。
⑥ **译法2**："只要……就不……"；"只要不……就不……"；"只要……就……"；"除非……"等。
○ プロである限り、今度のスポーツ大会への出場資格はあります。
○ 練習しない限り、上達もありえません。
○ 向こうが謝ってこない限り、こっちも折れるつもりはありません。

【108】～からにほかならない
① **用法**：接体言后。敬体表现形式为「～からにほかなりません」。也可以用「～ためにほかなりません」的表现形式。
② **意义**：表示对某个事项的成因的判定。即表示就所提示的事项而言，其构成的原因只能是前接词所示的内容那样，不会是其他的内容。
③ **译法**："不外乎是因为……"；"无非是因为……"等。
○ この仕事にこんなにも打ち込むことができたのは、家族が支えていてくれたからにほかならない。
○ 私がこうあなたたちを厳しく要求するのは、あなたたちを愛するからにほかならないのです。
○ 彼女が私を憎むのは、私の業績を妬んでいるからにほかならない。

【109】ただ～だけ
① **用法**：「だけ」接体言或用言连体形后。可以后续判断助动词「だ」、「です」直接结束句子。
② **意义**：表示唯一内容的限定。即表示除了所限定的内容外，其他皆不能成立。即表示某个事项仅仅局限在「だけ」的前接词的范围内。
③ **译法**："仅仅……"；"只……"；"光……"；"总是……"等。
○ ただこう言っただけで、ほかのことは何も言いませんでした。
○ この絵はただ古いだけで、あまり値打ちがありません。
○ 他の人は皆来ましたが、ただ彼だけが来ませんでした。
○ りんごはただ一つだけあります。
○ 読むものはただ毎週に来る新聞だけです。
○ 外はただ風が吹いているだけでした。

【110】ただ～ばかり
① **用法**：「ばかり」接体言或用言连体形后。可以后续判断助动词

「だ」、「です」直接结束句子。

② **意义**：意义与「ただ～だけ」相同，可以互换使用。表示唯一内容的限定。即表示某个事项仅仅局限在「ばかり」的前接词的范围内。

③ **译法**："仅仅……"；"只……"；"光……"；"总是……"等。
○ あなたには、ただ感謝申し上げるばかりです。
○ あの人はただ自分のことばかりを考えます。
○ ただ子どもの成長ばかりが楽しみです。
○ 彼女は会議中ただあくびばかりしていました。
○ 最近二週間、彼は寝食を忘れてただ研究にばかり没頭しています。

【111】ただ～のみ

① **用法**：「のみ」接体言或用言连体形后。可以后续判断助动词「だ」、「です」直接结束句子。

② **意义**：意义与「ただ～だけ」基本相同。表示唯一内容的限定。即表示某个事项仅仅局限在「のみ」的前接词的范围内。

③ **译法**："仅仅……"；"只……"；"光……"；"总是……"等。
○ できるだけのことはやった。ただ結果を待つのみだ。
○ ただ厳しいのみでは子どもの教育とは言えない。
○ 親としての私にとっては、ただそれのみが心配だ。
○ 部下はただ命令に従うのみだ。

【112】～ならでは

① **用法**：接体言后。可以用「～ならではの～」的形式构成连体修饰。还可以用「～ならではです」的形式直接结束句子。多用于赞赏的场合，有时也用于讽刺的场合。后项可以是肯定的表现形式，也可以是否定的表现形式。多用于书面语。类似的表现形式有「～でなくては～ない」等。

② **意义**：表示唯一内容的限定。即表示某种情景只有在前接词的内容范围内才能成立。

③ **译法**："只有……才……"等。
○ この仕事は男性ならではできません。
○ あんな馬鹿げたことはあの奴ならではやれないものだ。
○ あの投手ならでは演じられない素晴らしい演技でした。
○ 親友ならではの細かい心遣いが嬉しかったです。
○ この祭りはこの地方ならではの光景です。
○ 今度の実験もうまくいった。山田教授ならではですよ。

【113】～に限（かぎ）り

① **用法**：接体言后。多接在表示时间或人物意义的名词后。后项一般为肯定的表现形式。

② **意义**：表示对某种范围的限定。即表示只有在前项内容的范围内才能出

第二十四课　限定等表现

现后项的那种情况。
　　③ **译法**："只限于……"；"只是……"等。
　　○ 当店では、女性に限り、アイスクリームをサービスにおつけいたしております。
　　○ 60歳才以上の人に限り、この診察室で健康診断を受けることができます。
　　○ 新装開店のため本日に限り全品半額です。
　　○ 今日に限って黙っています。
　　○ 電話取りつぎは6時までです。ただし、急を要する場合に限り、8時まで受け付けます。

【114】〜にかぎって

　　① **用法**：接体言后。多接在表示时间或人物意义的名词后。后项可以是肯定的表现形式，也可以是否定的表现形式。
　　② **意义**：表示对某种情况或某种场合的限定。即表示只有前项事项是个例外，其他不在此列。
　　③ **译法**："唯有……"；"唯独……"；"只……"；"偏偏……"等。
　　○ あの人に限って、そんな悪いことをするはずはありません。
　　○ 山田先生に限ってそんな叱り方はしないと思います。
　　○ 毎日いい天気が続くのに、運動会の日に限って雨が降るのです。
　　○ 今日に限って上手にできません。
　　○ ほとんど毎日家にいるのに、その日に限って留守でした。

【115】〜にほかならない

　　① **用法**：接体言后。敬体表现形式为「〜にほかなりません」。
　　② **意义**：表示对某个事项的具体内容、性质等的判定。即表示就所提示的事项而言，其具体内容、性质、目的等只能是前接词所示的内容那样，不会是其他的内容。
　　③ **译法**："不外乎是……"；"无非是……"；"就是……"等。
　　○ 人間は自然の中に生きている一種の動物にほかならない。
　　○ 無断で会社を休んだのは、彼女の無責任さのあらわれにほかならない。
　　○ 年を取るというのは、すなわち経験を積むということにほかならない。
　　○ 彼女の成功は普段の努力の結果にほかならない。
　　○ 私たちが毎日太極拳をやっているのは、健康を促進するためにほかならない。
　　○ 今度の国際シンポジュームを成功のうちに終わらせることができましたのは、皆様方のご協力のたまものにほかなりません。

【116】～よりほかない

① **用法**：接动词连体形后。敬体为「～よりほかありません」。也可以用「～よりほかはない」、「～よりほかにない」的表现形式。

② **意义**：表示某个人由于条件所限，只有前接内容那样一种行为上的选择。

③ **译法**："只有……"；"只能……"等。
   ○ 雪はだんだん激しくなってきたが、引き返すこともできないし、とにかく山小屋まで歩くよりほかはなかった。
   ○ こうなったからには、あきらめるよりほかない。
   ○ 父が病気だから、学校をやめて働くよりほかない。
   ○ バスも電車もないところだから、自転車に乗って行くよりほかはありません。

【117】～よりほかに～ない

① **用法**：接体言或动词连体形后。敬体为「～よりほかに～ありません」。也可以用「～よりほかには～ない」的表现形式。类似的表现形式有「～以外に～ない」。

② **意义**：表示在某个方面，除了某个人或某个事项以外没有其他可供选择的余地。

③ **译法**："除……之外再没有……"；"除非……再没有……"等。
   ○ この部屋は静かで、時計の音よりほかに何の物音も聞こえない。
   ○ 山田さんよりほかにこの仕事を任せられる人はいない。
   ○ こうするよりほかに方法はなかった。
   ○ あなたよりほかに頼れる人がいない。
   ○ この道よりほかには会社へ行く道はありません。

【118】～より仕方がない

① **用法**：接动词连体形后。敬体为「～より仕方がありません」。也可以用「～よりほかに仕方がない」的表现形式。

② **意义**：表示说话人由于条件所限，只有前接内容那样一种方法可供选择。与「～よりほかない」的意义相同。

③ **译法**："只有……，别无他法"；"只能……"等。
   ○ お金がないから、海外旅行はあきらめるより仕方がない。
   ○ 終電が出てしまったので、タクシーで帰るより仕方がなかった。
   ○ 買えないのだから、賃借りするより仕方がない。

【119】～をおいて～ない

① **用法**：接体言后。也可以用「～をおいてほかにない」、「～をおいてほかはない」、「～をおいてほかに～ない」的表现形式。

② **意义**：表示除了前接词的场合以外，别的不能成立。具有舍此无他的含

义。多用于积极的选择。含有较强的断定的语感。
③ **译法**："只有……"；"除了……之外没有……"等。
  ○ この仕事をやり遂げられるのは、彼をおいてほかにありません。
  ○ 彼をおいてほかに適任者は見当たりません。
  ○ これをおいてはほかに途がありません。
  ○ 何をおいても期日には間に合わせなければなりません。
  ○ この研究分野の第一人者ということなら、山田先生をおいてほかはないでしょう。

二、非限定表现

【120】～だけでなく
① **用法1**：接用言连体形或体言后。经常同提示助词「も」呼应使用，构成「～だけでなく、～も～」的表现形式。前项与后项属于递进关系。
② **意义1**：表示不仅前项的某个人或某个事项，后项的某个人或某个事也属于同样一种情况。
③ **译法1**："不仅……，……也……"等。
  ○ あなただけでなく、私もびっくりしました。
  ○ 中国語だけでなく、英語や日本語でも差し支えありません。
  ○ 一年生だけでなく、二年生も行きます。
  ○ 列車の中やプラットホームで痰唾を吐いてはならないだけでなく、どんな公の場所でも同様です。

④ **用法2**：接用言连体形或体言后。经常同提示助词「も」呼应使用，构成「～だけでなく、～も～」的表现形式。也经常与副词「ただ」呼应，构成「ただ～だけでなく、～（も）～」的表现形式。前项与后项属于递进关系。
⑤ **意义2**：表示某个人或某个事物不仅具有前项的特性等，同时还具有后项的特性等；或者表示某个人或某个事物不仅呈现出前项的某种状态，同时还呈现出后项的某种状态。
⑥ **译法2**："……不但……，而且……"；"……不仅……，也……"等。
  ○ あの人は英語だけでなく、日本語もうまいです。
  ○ 彼女は歌が上手なだけでなく、自分で曲も作ります。
  ○ 彼は荷物を背負っているだけでなく、両手にもたくさんの品物を持っています。
  ○ 今度の台風で村は畑だけでなく家も大きな被害を受けました。
  ○ この映画は国内で評判がよいだけでなく、国外でもすごい人気です。
  ○ このあたりは公害がひどくてただ水の汚染だけではなく、空気もとても汚いです。

【121】～のみでなく

① **用法**：接用言连体形或体言后。经常同提示助词「も」呼应使用，构成「～のみでなく、～も～」的表现形式。前项与后项属于递进关系。

② **意义**：表示某个人或某个事物不仅具有前项的特性等，同时还具有后项的特性等；或者表示某个人或某个事物不仅呈现出前项的某种状态，同时还呈现出后项的某种状态。

③ **译法**："……不但……，而且……"；"不仅……，……也……"等。

○ あの俳優は子どものみでなく、年寄りにまでも人気がある。
○ 彼女は漢字が書けないのみでなく、平仮名も片仮名も書けない。
○ ビニールは、日用品製造の原料であるのみでなく、機械工業部門にとっても大切な原料の一つである。

【122】～のみならず

① **用法1**：接用言连体形或体言后。经常同提示助词「も」呼应使用，构成「～のみならず、～も～」的表现形式。前项与后项属于递进关系。用于书面语。

② **意义1**：与「～だけでなく、～も～」意义相同，表示不仅前项的某个人或某个事项，后项的某个人或某个事也属于同样一种情况。

③ **译法1**："不仅……，……也……"等。

○ 君のみならず、ぼくも行くことになっている。
○ 兄のみならず、父と母までも私の結婚に反対している。
○ 動物のみならず、植物の種類も多様である。
○ このようにやれば、手間が省けるのみならず、経費も節約することができる。
○ 空気なくしては、人間は生きられぬのみならず、動物も生存しえないのである。

④ **用法2**：接用言连体形或体言后。经常同提示助词「も」呼应使用，构成「～のみならず、～も～」的表现形式。前项与后项属于递进关系。用于书面语。

⑤ **意义2**：与「～だけでなく、～も～」意义相同，表示某个人或某个事物不仅具有前项的特性等，同时还具有后项的特性等；或者表示某个人或某个事物不仅呈现出前项的某种状态，同时还呈现出后项的某种状态。

⑥ **译法2**："……不但……，而且……"；"……不仅……，也……"等。

○ 彼女は聡明であるのみならず、容姿端麗でもある。
○ あの人は字が上手であるのみならず、絵も上手だ。
○ 戦火で家を焼かれたのみならず、家族も失った。
○ ハリ麻酔は、我が国のみならず、外国でも重視されはじめている。
○ この和服はデザインがいいのみならず、色もいい。

第二十四课　限定等表现

【123】～ばかりか

① **用法1**：接用言连体形或体言后。经常同提示助词「も」或副助词「まで」呼应使用，构成「～ばかりか、～も・まで～」的表现形式。前项与后项属于添加式的递进关系。

② **意义1**：表示不仅分量较轻的前项的某个人或某个事项，就连分量较重的后项的某个人或某个事物也属于同样一种情况。

③ **译法1**："不仅……，……也……"；"不仅……，甚至连……也……"等。

- 会社の同僚ばかりか家族までぼくを馬鹿にしている。
- 最近では、大都市ばかりか、中小都市でも道路の渋滞がひどくなってきているらしい。
- 都市ばかりか、田舎でまでカラオケが流行りだしている。
- 君が困るばかりか、私にも迷惑になるよ。

④ **用法2**：接用言连体形或体言后。经常同提示助词「も」、「さえ」或副助词「まで」呼应使用，构成「～ばかりか、～も・さえも・まで～」的表现形式。前项与后项属于添加式的递进关系。

⑤ **意义2**：表示某个人或某个事物不仅具有分量较轻的前项的特性等，甚至还具有分量较重的后项的特性等。

⑥ **译法2**："……不仅……，而且……"；"……不仅……，也……"；"……不仅……，就连……也……"等。

- 山田さんは英語ばかりか、中国語も話せますよ。
- これはあなたがご存じないばかりか、私さえも知りません。
- 火事のために家ばかりか、家族も失いました。
- あの女の先生は美しいばかりか、性格も優しいです。
- あの小柄の女の子は、自転車に乗れるばかりか、自動車の運転までもできます。

⑦ **用法3**：接指示代名词「それ」的后面。经常同提示助词「も」、「さえ」或副助词「まで」呼应使用，构成「～ばかりか、～も・まで～」的表现形式。前项与后项属于添加式的递进关系。

⑧ **意义3**：表示某个人或某个事物不仅具有分量较轻的前项的特性等，甚至还具有分量较重的后项的特性等。与"意义2"意思相同，只是用法不同，前后项同为完整的句子。

⑨ **译法3**："不仅如此，而且还……"等。

- 山田さんは英語が話せる。そればかりか、中国語やアラビア語も話せる。
- 彼はその女の子に着る物を与えた。そればかりか、いくらかの金まで持たせてやった。
- 中国の小学校には、たいてい制服がある。そればかりか、靴やカバン

まで決まっているという学校も少なくない。

【124】～ばかりでなく

① **用法1**：接用言连体形或体言后。经常同提示助词「も」或副助词「まで」呼应使用，构成「～ばかりでなく、～も～」或「～ばかりでなく、～まで～」的表现形式。前项与后项属于递进关系。

② **意义1**：与「～だけでなく、～も～」意义相同，表示不仅前项的某个人或某个事项，后项的某个人或某个事也属于同样一种情况。

③ **译法1**："不仅……，……也"等。
- 最近は、女性ばかりでなく、男性まで赤い服を着ることがあります。
- 子どもばかりでなく、年寄りまでコンピューターゲームに夢中になっています。
- もし船で行けば、費用がかかるばかりでなく、日数もかかります。

④ **用法2**：接用言连体形或体言后。经常同提示助词「も」或副助词「まで」呼应使用，构成「～ばかりでなく、～も～」或「～ばかりでなく、～まで～」的表现形式。前项与后项属于递进关系。

⑤ **意义2**：表示某个人或某个事物不仅具有前项的特性等，同时还具有后项的特性等；或者表示某个人或某个事物不仅呈现出前项的某种状态，同时还呈现出后项的某种状态。

⑥ **译法2**："不但……，而且……"；"不仅……，也……"等。
- 彼は英語ばかりでなく、日本語も話せます。
- あの人は漢字が書けないばかりでなく、平仮名も書けない。
- 彼は字の書き方が下手なばかりでなく、そのうえよく間違います。
- このアパートは、暑いばかりでなく音もうるさい。
- この花は色が奇麗なばかりでなく、香りもとてもいいです。
- 北京は中国の政治の中心であるばかりでなく、文化、教育、経済などの分野でも中国の中心地になっています。

【125】～に限（かぎ）らず

① **用法**：接体言后。多用于书面语。

② **意义**：表示不仅限于前项这一种情况，其他方面也同样。

③ **译法**："不仅……"；"不限于……"等。
- ぼくは野球部に入っているが、野球に限らず、スポーツなら何でも得意だ。
- この閲覧室は教師と学生に限らず、どなたでも利用できます。
- 若者に限らず、かなりの年の人でもおしゃれをしている。
- 何事に限らず、公明正大でなければならない。

【126】～にとどまらず

① **用法**：接体言后。常常与副词「たんに」或副助词「だけ」呼应使用。

② 意义：表示某个事项不仅仅局限于前接词的范围内，属于更大范围上的问题。或者表示某种事态不仅限于前接词的范围内，还波及到了其他方面。

③ 译法："不仅……"；"不限于……"等。

　　○ これはクラスだけの問題にとどまらず、学校全体の問題だ。
　　○ その流行は都会にとどまらず、地方にも広がっていった。
　　○ 干ばつはその年だけにとどまらず、その後三年間も続いた。
　　○ たんに決意を示したにとどまらず、実際行動に移した。
　　○ この種の伝染病は、アフリカだけにとどまらず、すでに全世界のいたるところに広がった。

II. 语词注解

1 ヘリコプター＝直升飞机。
2 頭（あたま）を下（さ）げる＝服输；敬佩。
3 折（お）れる＝屈服；消沉。
4 （……に）打（う）ち込む＝专心于……，热衷于……。
5 馬鹿（ばか）げる＝显得愚蠢；显得糊涂；显得无聊。
6 （……を）サービスにつける＝（把……作为服务内容）免费赠送……。
7 無断（むだん）で＝擅自……。
8 国際シンポジューム＝国际学术研讨会。
9 途（と）がない＝没有别的道路可走，别无他法。
10 プラットホーム＝（火车站的）月台。
11 背負（せお）う＝背（人或东西）。
12 ビニール＝乙烯树脂，塑料。
13 ハリ麻酔（ますい）＝针灸麻醉。
14 （……を）馬鹿にする＝瞧不起。
15 流行（はや）り出（だ）す＝流行起来。
16 アラビア語＝阿拉伯语。
17 コンピューターゲーム＝电脑游戏。
18 干（かん）ばつ＝旱，干旱。

III. 课后练习

一、从a.b.c.d.中选出最符合句子意义的惯用词语，将其符号填写在句中的[ ]内。

1. 生きている[　]、ご親切は忘れません。
　　a. 限り　　　　b. 限りで　　　　c. 限りに　　　　d. 限りを
2. ぼくは彼［ 　]友人がいない。
　　a. 以外に　　　b. 以外で　　　　c. 以外を　　　　d. 以外が

3. 教室はしんと静まり返り、聞こえるのは、ただ紙の上を走る鉛筆の音［　］だ。
   a. だけ　　　　b. ほど　　　　　　c. でも　　　　d. まで
4. アルバイトでもしない［　］、生活できません。
   a. 限りも　　　b. 限りで　　　　　c. 限りに　　　d. 限り
5. 鈴木君は英語［　］中国語もペラペラです。
   a. だけでなく　b. にとどまらず　　c. にかぎって　d. にかぎり
6. 日本料理は、すき焼き、てんぷら［　］、何でも食べられます。
   a. ばかりか　　b. に限らず　　　　c. に限り　　　d. にとどまらず
7. これは空気の温度が上がった［　］、湿度も高くなっているためです。
   a. にかぎり　　b. にとどまらず　　c. にかぎって　d. だけでなく
8. お腹がすいて、ご飯を食べない［　］、とてももう仕事はできません。
   a. 限り　　　　b. 限りで　　　　　c. 限りに　　　d. 限りを
9. ぼくは釣り［　］趣味はない。
   a. にかぎり　　b. にかぎって　　　c. よりほかに　d. ばかり
10. こんなに素晴らしい刺繍は中国［　］見られないものだ。
    a. ならでは　　b. 限りで　　　　　c. 限りに　　　d. 限りを
11. 彼女［　］は適任者がいない。
    a. のみばらず　b. ばかりでなく　　c. をおいて　　d. ばかりか
12. 自分の失敗は自分で責任をもって始末する［　］。
    a. にほかならない　　　　　　b. より仕方がない
    c. からにほかならない　　　　d. 以外にない
13. 大学生は、英語［　］、他の外国語も一つ勉強しなければならない。
    a. ばかりでなく　　　　　　　b. にとどまらず
    c. にかぎって　　　　　　　　d. にかぎり
14. 公害問題に悩んでいるのは中国［　］、他の国も同様だ。
    a. のみでなく　b. にとどまらず　　c. にかぎって　d. にかぎり
15. それは核兵器［　］。
    a. より仕方がない　　　　　　b. からにほかならない
    c. にほかならない　　　　　　d. ばかりか
16. 中国人［　］、日本人、韓国人も箸を使って食事をします。
    a. にとどまらず　　　　　　　b. のみならず
    c. にかぎって　　　　　　　　d. にかぎり

第二十五课　话题、强调等表现

一、话题表现
二、强调表现
三、强制表现

Ⅰ.语法解说

一、话题表现

【127】～ということは
① **用法**：接用言终止形后。
② **意义**：用来提示话题。即表示就前项提出的话题，在后项给出具体的解释或说明。
③ **译法**：视具体内容，灵活翻译。
　○ 現状を変える<u>ということは</u>大変なことだ。
　○ この法律を知っている人が少ない<u>ということは</u>、大きな問題だ。
　○ 一日8時間月曜日から金曜日まで働く<u>ということは</u>、一週間で40時間の労働だ。

【128】～というと
① **用法**：接体言后。也叫以用「～といえば、～」的表现形式或更口语化的「～っていうと、～」的表现形式。
② **意义**：用来提示话题。即表示当提到前项的话题时，就会使人联想起后项的与之相关联的另外一种情况。
③ **译法**："一提到……就……"；"说到……就会……"；"要说……，……"等。
　○ 先生<u>というと</u>、中学時代の受持ち先生を思い出します。
　○ 一時間<u>というと</u>、とても短いようですが、人を待っている時の一時間は、本当に長く感じられるものです。
　○ 山田さん<u>といえば</u>、どこへ行ったのか、姿が見えませんね。

【129】～というのは

① **用法**：接体言后。多用于口语。其意义相当于「～とは」。

② **意义**：用来命题或提示主题。即前项提示一个主题，后项为其下出具体的定义，或者陈述其意义、具体内容或性质等。

③ **译法**："所说的……就是……"；"所谓……就是……"等。

○ いわゆる分析<u>というのは</u>、事物の矛盾を分析することです。
○ 十五夜<u>というのは</u>、陰暦十五日の夜のことです。
○ 季語<u>というのは</u>季節を表す言葉で、俳句の中で必ず使われるものです。
○ いいものをくれる<u>というのは</u>これですか。

【130】～というものは

① **用法**：接体言后。

② **意义**：用来提示主题。即用来对前接词加以强调、提示，后项对其进行具体的叙述或说明。

③ **译法**："……是"等。或灵活翻译。

○ 金<u>というものは</u>、無くても困るし、有りすぎても困る。
○ 時間<u>というものは</u>、誰に対しても平等だ。
○ タバコ<u>というものは</u>、体に害はあっても何の益もない。
○ 薬<u>というものは</u>、間違って飲むと、大変なことになる。

【131】～といったら

① **用法**：接体言后。

② **意义**：用来提示话题。即用来对前项所提示的话题，说话人以吃惊、感叹等的语气在后项对其做出具体内容上的说明。

③ **译法**："提到……"；"说到……"等。

○ 野原に一晩一人で泊まったことがあるんです。あの時の怖さ<u>といったら</u>、今思い出してもゾッとします。
○ 昨日の暑さ<u>といったら</u>、蒸し風呂のようでした。
○ あの人の体の大きさ<u>といったら</u>、まるでお相撲さんのようです。
○ 山田さんの走る速さ<u>といったら</u>、まるで陸上競技の選手のようです。

【132】～ときたら

① **用法1**：接体言后。也可以用「～とくると、～」的表现形式。

② **意义1**：用来提示话题。即表示如果把前项内容作为一个话题提出来说的话，那么，就应该是属于后项所叙述的情况。

③ **译法1**："说到……"；"要说……"等。

○ 新鮮な刺し身<u>ときたら</u>、やっぱり辛口の日本酒がいいな。
○ 日本語は読むだけで、会話<u>ときたら</u>、全然だめなんです。
○ ステーキ<u>ときたら</u>、やっぱり赤ワインでなくちゃ。

第二十五课　话题、强调等表现

④ **用法2**：接体言后。也可以用「～とくると、～」的表现形式。
⑤ **意义2**：用来提示话题。即说话人以责难、不满等的语气，对前项所提示的话题，在后项对其做出具体内容上的说明。
⑥ **译法2**："提到……"；"说到……"等。
　　○ 家の女房ときたら、外出ばかりして、めったに家にいやしない。
　　○ 山田さんの宿舎ときたら、散らかして放題で足の踏み場も無い。
　　○ 今時の若いものときたら、老人や妊婦に席を譲ろうともしない。
　　○ 田中さんときたら、毎日遅刻して来るんですよ。

【133】～とは
① **用法1**：接体言后。多用于书面语。其意义相当于「～というのは」。经常采用「～とは～ものだ」、「～とは～のことだ」、「～とは～ということだ」、「～とは～意味だ」的前后呼应表现形式。
② **意义1**：用来命题或提示主题。即前项提示一个主题，后项为其下出具体的定义，或者陈述其意义、具体内容或性质等。
③ **译法1**："所谓……就是……"；"……就是……"等。
　　○ パソコンとは、個人で使える小型のコンピューターのことです。
　　○ あなたのおっしゃった「あれ」とは、いったい何ですか。
　　○ 「普遍的」とは、どんな場合にも広く一般的に当てはまるという意味です。
　　○ 教育ママとは、自分の子どもの教育にとても熱心な母親のことです。
　　○ 哲学とは、我々の考えているほど難しいものではありません。

④ **用法2**：接体言、用言终止形或句子等的后面。多用于会话。大多数情况下，可以用「～というのは」替换。
⑤ **意义2**：表示引用、提示对方的话语。即前项为引用对方话语中的某个部分，后项为对此的确认、评价等。多伴随有说话人吃惊、不解、生气、感叹等的情感色彩。
⑥ **译法2**．"那就是说……"等。需要灵活翻译。
　　○ 「山田さん、会社を辞めるそうですよ。」
　　　「えっ、会社を辞めるとは、結婚するということですか。」
　　○ 「このお話、なかったことにしてください。」
　　　「なかったことにするとは、どういうことですか。」
　　○ 先生に向かって「実にけしからん」とは何事だ。

⑦ **用法3**：接体言、用言终止形或句子等的后面。后项多采用与人的思维、感觉等有关的表达方式。多用于书面语。
⑧ **意义3**：用来提示话题。即前项为话题的提出，后项为对前项话题内容感到意外或突然的意义的陈述。
⑨ **译法3**：灵活翻译。

○ 日本へ注文した雑誌がまだ来ないとは不思議だ。
○ 今ごろになって、雪が降るとは、誰も予想していませんでした。
○ 山田君が病気だということは、聞くには聞いていましたが、よもや死ぬとは思いませんでした。

⑩ **用法4**：接体言、用言终止形或句子等的后面。可以采用省略掉后项，直接用「とは」来结束句子的表现形式。
⑪ **意义4**：表示提示话题。即前项为提出某个事项作为话题，后项为对此话题的内容感到吃惊、意外或进行消极评价等的叙述。
⑫ **译法4**：灵活翻译。
○ 一人で五種目も優勝とは、まったく驚きました。
○ 週に必ず一回授業をサボるとはあきれた学生だ。
○ バスの中に忘れた財布が、もどってくるとは思いもよらないことでした。

【134】〜にかけて

① **用法1**：接体言后。也可以用「〜にかけては、〜」的表现形式。
② **意义1**：用来提示话题。即在前项设定一个话题或范围，在后项阐述某个人或某件事物在此方面如何。
③ **译法1**："……是……的"等。或灵活翻译。
○ 話術にかけて彼女の右に出るものはいません。
○ 忍耐力にかけては、ぼくには人より優れているという自信がある。
○ 料理にかけては、中華料理は世界一だ。

【135】〜はというと

① **用法1**：接体言后。也可以用「〜はといえば、〜」的表现形式。
② **意义1**：用来提示所谈及的话题。即用来表示当在前项提及某个话题时，后项对所提及的话题的具体内容做出说明。
③ **译法1**："至于……"；"要说……"等。
○ 彼女の成績はというと、クラスではまあできるほうです。
○ 今の人々の暮らしはというと、前よりずっとよくなっています。

④ **用法2**：接体言后。也可以用「〜はといえば、〜」的表现形式。
⑤ **意义2**：用来提示对比性话题。即先介绍某一方的某种情况，然后在前项提出与之相对应的另一方，进而在后项叙述其另一方的不同的情况。
⑥ **译法2**："可是……"等。或灵活翻译。
○ 父も母ものんびり過ごしています。私はというと、毎日牛馬のようにただ忙しく働いています。
○ ここ数年間で小学校の数は大幅に増えたようです。しかし、私の地域はというと、まったく増えていません。

二、强调表现

【136】〜たりとも
① **用法**：接在以"一"打头的数量词后。多用于书面语言或会议发言、演说等郑重的场合。
② **意义**：用来表示全面否定式的强调。即用来表示哪怕是最少的人数或最小的数量也不能容许怎样之意。
③ **译法**："哪怕一……也……"；"连一……也……"等。
○ 誰もが敵は一人たりとも逃さないと決意していました。
○ 人との待ち合わせには一分たりとも遅れてはなりません。
○ 猛獣のいる密林の中では、一瞬たりとも油断してはいけません。

【137】〜として〜ない
① **用法**：「として」接在以"一"打头的数量词后。常常与疑问词呼应使用，构成「疑問詞＋一〜＋として〜ない」的表现形式。
② **意义**：用来表示全面否定式的强调。即用来表示哪怕是最少的人数或最小的数量也不属于后项所叙述的那种状态之意。
③ **译法**："连……都没……"等。
○ 期末試験では、一人として満足のいく答案を書いた学生はいませんでした。
○ 誰一人として私の意見を支持してくれる人はいませんでした。
○ 高級品ばかりで、何一つとして私が買えそうな品物は見当たりません。
○ あれ以来、私は一日として心安らかに過ごした日はありません。

【138】〜あっての
① **用法**：接体言后，修饰体言，构成连体修饰。
② **意义**：表示因为有前项内容的存在，才有后项事项的成立。
③ **译法**："因为有……才……"等。或者灵活翻译。
○ 学生あっての大学だ。学生がなければ、いくらカリキュラムが素晴らしくても意味がない。
○ 愛あっての結婚生活だ。愛がなければ、一緒に暮らす意味がない。
○ お客あっての商売なんですから、まずお客さんのニーズに応えなければならないでしょう。

【139】〜からある
① **用法**：接数量词后，修饰体言，构成连体修饰。或者用「〜からある。」的表现形式直接结束句子。类似的表现形式还有「〜からする（〜）」和「〜からの〜」。

② **意义**：表示前项为后项的大致数量。即前项为后项的数量修饰。表示大小、重量、长度等的数量修饰时，用「～からある」的表现形式；表示价值的数量修饰时，用「～からする」的表现形式。

③ **译法**：灵活翻译。
- 25キロからある巨大なかぼちゃが実りました。
- 山田さんは50キロからある荷物を軽々と持ち上げました。
- 身長2メートルからある大男が、突然、目の前に現われました。
- この川は深いところは20メートルからある。
- 自動車産業は好調で三百万からする車が飛ぶように売れています。
- 絹の靴下は500円からする。
- その種の陶器は今では貴重で、小皿一枚が10万円からしている。

【140】～からの

① **用法**：接数量词后，修饰体言，构成连体修饰。为较为拘谨的表达方式。

② **意义**：表示前项为后项的足够多的数量。即构前项修饰后项的连体修饰关系。

③ **译法**："……多"等。
- この前の津波では、5万人からの人々が家を失い、1万人からの人が死にました。
- 山田さんは500万円からの借金をかかえているそうです。
- 先週の集会には、3000人からの人たちが集まったという話です。

【141】～というもの

① **用法**：接数量词后。也可以用「～というものは、～」的表现形式。

② **意义**：表示在前项的很长一段时间内，一直持续着后项的某种行为、动作或一直保持着后项的某种状态。

③ **译法**："整整……"；"整个……"等。
- あれ以来1ヶ月というもの、彼女はめったにものを言いませんでした。
- 看護婦たちは三昼夜というもの、私を見守ってくれました。
- この20年というもの、一日もあなたのことを忘れたことはありません。

【142】～にして

① **用法**：接体言后。

② **意义**：表示到了前项的这个阶段，才出现了后项的那种情况。

③ **译法**："……才"等。
- 30にして立つ。
- 35歳にしてようやく子どもが生れました。
- 60歳にしてはじめて登山靴を履きました。

第二十五课　话题、强调等表现

【143】～の至り
① **用法**：接部分名词后。多用「～の至りだ」的表现形式直接结束句子，也可以用「～の至りに、～」或「～の至りで、～」的表现形式构成连用修饰。多用于较为郑重的致辞等场合。
② **意义**：表示某个人的某种情感达到了极致。
③ **译法**："非常……"；"……之极"等。
○ 私たちの応援が効を奏したとは、感激の至りね。
○ わざわざお見舞いにおいでいただき、恐縮の至りでございます。
○ こんな失敗をするとは、まったく赤面の至りです。
○ 若気の至りで随分無茶なこともやりました。
○ この度我が社の長年の社会奉仕活動に対して地域文化賞をいただきましたことは誠に光栄の至りに存じます。

【144】～の極み
① **用法**：接部分含有感情色彩的名词后。可以用「～の極みだ」的表现形式直接结束句子，也可以接在其他名词后构成一个体言词组，在句中充当各种成分。
② **意义**：表示某个人的荣耀、感激、孤独、悲伤、痛恨等情感达到了极限或顶点。或者表示某项事物的某个特性达到了极限程度。
③ **译法**：灵活翻译。
○ このような盛大なる激励会を開いていただき、感激の極みです。
○ 物語は、平家一門の栄華の極みと、その横暴を描いている。
○ 孤独の極みに落ち込んだのに、むしろ言いようのない安らぎが私の心にわき立った。
○ 不慮の事故で我が子を失った母親は悲嘆の極みにあった。
○ この絵は、美の極みというべき永遠の名画である。

三、强制表现

【145】～なくてはいけない
① **用法**：接动词未然形、形容词连用形「く」、形容动词连用形「で」、体言后续断定助动词「だ」的连用形「で」的后面。类似的用法还有「～なくてはだめだ」的表现形式。
② **意义**：表示应有的行为动作或状态。语气坚决，有提请注意的含义。
③ **译法**："必须……"；"应该……"；"非……不可"等。
○ 宿題は木曜日に出さなくてはいけませんか。
○ 六人が一緒に住むなら、部屋はもっと広くなくてはいけない。
○ 試験用ですから、静かでなくてはいけません。
○ 難しい手術ですから、山田先生でなくてはいけません。

【146】～なくてはならない

① **用法**：接动词未然形、形容词连用形「く」、形容动词连用形「で」、体言后续断定助动词「だ」的连用形「で」的后面。或接体言后续部分格助词的后面。

② **意义**：表示有进行某种行为动作的义务或有某种事物存在的必要。即表示从一般性的社会常识或事情的性质来看，不那样做或者没有某个事物的存在就不合乎情理。

③ **译法**："必须……"；"应该……"；"非……不可"；"没有……不成"等。

○ 寝る前に歯を磨かなくてはなりません。
○ コーヒーは熱くなくてはなりません。
○ 野菜は新鮮でなくてはなりません。
○ 将来のために頑張らなくてはなりません。
○ 塩は私たちの生活になくてはならないものです。
○ 水も私たちの生活になくてはならないものです。

【147】～なければいけない

① **用法**：接动词未然形、形容词连用形「く」、形容动词连用形「で」、体言后续格助词「が」或断定助动词「だ」的连用形「で」的后面。或接体言后续部分格助词的后面。类似的用法还有「～なければだめだ」的表现形式。

② **意义**：表示有必须进行某种行为动作的义务。含有命令的语气。

③ **译法**："必须……"；"必须是……"；"非……不可"；"不……不行"；"没……不行"等。

○ 放課後、早く家へ帰らなければいけない。
○ ご家族のために、お体を大切にしなければいけない。
○ 教師は学生に対して公正でなければいけない。
○ 履歴書は自筆でなければいけない。

【148】～なければならない

① **用法**：接动词未然形、形容词连用形「く」、形容动词连用形「で」、体言后续断定助动词「だ」的连用形「で」的后面。

② **意义**：表示不以人的意志为转移的社会义务。即表示必须遵从的法律、法规、规章制度、社会公德、伦理道德等方面的义务。

③ **译法**："必须……"；"非……不可"；"不……不行"；"……是必不可少的"等。

○ 明日用事があるから、学校に行かなければなりません。
○ 明日でなければなりませんか。
○ 外国人は、中国の法律を守らなければなりません。
○ みんな所得税を納めなければならない。
○ 中国では、車は道路の右側を走らなければならない。

第二十五课　话题、强调等表现

II. 语词注解

1 ステーキ＝烤肉
2 赤（あか）ワイン＝红葡萄酒。
3 散（ち）らかす＝弄得乱七八糟；（到处）乱扔。
4 放題（ほうだい）＝（接动词连用形或助动词「たい」后）表示自由、随便、毫无限制等意思。
5 足の踏（ふ）み場（ば）＝下脚的地方。
6 よもや＝未必，不至于，难道。
7 授業をサボる＝旷课。
8 思いもよらない＝出乎意料，万没想到。
9 ニーズ＝需要。
10 津波（つなみ）＝海啸。
11 自筆（じひつ）＝亲笔，亲自书写。

III. 课后练习

一、从a.b.c.d.中选出最符合句子意义的惯用词语，将其符号填写在句中的[ ]内。

1. 日本は資源に乏しいので、ほとんどを外国から輸入しなければ[　　]。
   a. ならない　　　　　　　　b. とどまらない
   c. かぎらない　　　　　　　d. できない
2. 「お留守に鈴木さんがいらっしゃいましたよ。」「え？鈴木さん[　　]、あの企画部の？」
   a. ときたら　　　　　　　　b. というと
   c. ということは　　　　　　d. にして
3. あの人[　　]、娘の自慢話しかできないのだから、まったく困ったものだ。
   a. ときたら　　　　　　　　b. というと
   c. ということは　　　　　　d. にして
4. 山で迷子になった時の心細さ[　　]、泣きたくなるほどでした。
   a. といったら　　　　　　　b. というと
   c. ということは　　　　　　d. にして
5. 冬の登山は恐ろしい。彼のようなベテラン登山家[　　]このような遭難をするんだから。
   a. ときたら　　　　　　　　b. というと
   c. ということは　　　　　　d. にして
6. 毎日こうして幸せに暮らしていけるのも、丈夫な体[　　]ことです。
   a. といったらない　　　　　b. からの
   c. あっての　　　　　　　　d. からある

7. 崩れ落ちたビルの中で２０日間も生き延びていた[　　]、信じられない。
    a. ときたら　　　　　　　　　　　　b. とは
    c. というもの　　　　　　　　　　　d. というと
8. 昔は、ご飯は一粒[　　]残さず食べなさいと言われたものだ。
    a. たりとも　　　　　　　　　　　　b. というと
    c. ということは　　　　　　　　　　d. にして
9. 車が一台しかない[　　]、私たちのうち誰かバスで行かなければならないということだ。
    a. というものは　　　　　　　　　　b. というもの
    c. ということは　　　　　　　　　　d. ときたら
10. パソコン[　　]パーソナルコンピューターのことだ。
    a. というのは　　　　　　　　　　　b. ということは
    c. というと　　　　　　　　　　　　d. といったら
11. 学問[　　]、彼女は私より上です。
    a. とは　　　　　　　　　　　　　　b. ということは
    c. にかけては　　　　　　　　　　　d. というのは
12. 今の環境[　　]、昔よりずっと良くなっている。
    a. というのは　　　　　　　　　　　b. とは
    c. ということは　　　　　　　　　　d. はというと、
13. 一つ[　　]気に入ったものはない。
    a. にして　　　　　　　　　　　　　b. として
    c. にかけて　　　　　　　　　　　　d. ときたら
14. 百五十人[　　]人が死んだ。
    a. からの　　　　　　　　　　　　　b. の至り
    c. の極み　　　　　　　　　　　　　d. にして
15. 私たちの応援が効を奏したとは、感激[　　]ね。
    a. あっての　　　　　　　　　　　　b. たりとも
    c. の至り　　　　　　　　　　　　　d. からある

第二十六课　原因、理由等表现

一、原因、理由表现

Ⅰ.语法解说

一、原因、理由表现

【149】〜によって
①**用法**：接体言后。连体修饰用「〜による〜」的表现形式。
②**意义**：表示一般性的因果关系。即表示由于前项的原因而导致后项的结果。
③**译法**："由于……"；"因为……"等。
　○ 私の不注意な発言によって、彼女を傷つけてしまいました。
　○ 不治の病にかかった娘は、信仰によって心を救われました。
　○ 交通事故によって、バスは一時間も遅れました。
　○ 津波による被害は5万人にものぼったようです。

【150】〜からこそ
①**用法**：接在用言终止形和断定助动词「だ」以及其他部分助动词的终止形的后面。多与「〜のだ」呼应使用，构成「〜からこそ、〜のだ」的表现形式。一般不用来表示客观或消极意义上的因果关系。
②**意义**：表示强调原因式的因果关系。即表示正是由于前项的原因才导致了后项的结果。
③**译法**："正因为……才……"等。
　○ 君を正当に評価しているからこそ、もっと真面目にやれと言っているんだ。
　○ 私は忙しいからこそ時間を有効に使って自分のための時間を作っているのだ。
　○ そうだからこそ、もっと頑張らなくてはいけないのだ。
　○ あなたがそう言ったからこそ、そうしたじゃありませんか。
　○ 分からないからこそ、聞いたのだ。

【151】～につき

① **用法**：接体言后。用于书面语，主要用于书信、告示、通知书等场合。
② **意义**：表示一般性的因果关系。即表示由于前项的原因而导致后项的结果。
③ **译法**："因为……，所以……"；"由于……"等。
　○ 改装中につき、しばらくお休みさせていただきます。
　○ 雨天につき、ピクニックを取りやめる。
　○ 手術中につき、入室禁止。

【152】～こととて

① **用法**：接在体言后续格助词「の」以及用言的连体形后面。后项常常采取赔礼、道歉的表达方式。是一种稍显陈旧的表达方式。用于书面语。
② **意义**：表示说明理由式的因果关系。即表示由于前项的原因所以后项如何。
③ **译法**："因为……，（还请）……"；"由于……"等。
　○ 知らぬこととて、失礼いたしました。
　○ なにぶん、わがまま者のこととて、世話がやけると存じますが、よろしくお願いいたします。
　○ 子どものやったこととて、大目に見てはいただけませんか。
　○ その仕事に慣れぬこととて、はじめは失敗しましたが、慣れてくると、うまく行くようになりました。

【153】～とあって

① **用法**：接在体言或动词的终止形后面。多用于新闻报道等书面用语。
② **意义**：表示关系式的因果关系。即表示由于前项的关系所以后项如何。
③ **译法**："由于……的关系"；"因为"等。
　○ 折りから桜満開とあって、公園は人でいっぱいだ。
　○ 一年に一回のお祭りとあって、村の人はみんな神社へ集まっていた。
　○ 彼は教壇に立つのは初めてとあって、ちょっと落着かないところがありました。

【154】～ゆえ

① **用法**：接在体言后续格助词「の」、用言连体形以及部分助动词的连体形的后面。也可以用「～ゆえに、～」或「～がゆえに、～」的表现形式。同时还可以用「体言＋（が）＋ゆえ＋の＋体言」的形式构成连体修饰。是文言用语，多用于书面用语。
② **意义**：表示一般性的因果关系。即表示由于前项的原因而导致后项的结果或状态的出现。
③ **译法**："因为……的缘故"；"由于……的原因"等。
　○ 貧乏のゆえに教育を受けられない子供たちがいます。
　○ 彼女の提案は会議の精神と矛盾するところがあるゆえ、容れられませんでした。
　○ 来週上京したいと思いますゆえ、よろしくお願いいたします。

第二十六课 原因、理由等表现

○ あの国では、女性であるがゆえに差別されることがあります。
○ 若さ（が）ゆえの過ちもあるのだ。

【155】～おかげで

①**用法**：接在体言后续格助词「の」、用言连体形以及部分助动词的连体形的后面。也可以用「～おかげだ。」的形式直接结束句子。会话中有时还用「～おかげさまで、～」的表现形式。另外，还可以单独使用。

②**意义**：表示受惠式的因果关系。即表示由于前项的缘故而引出了后项的积极结果。有时也用来表示带有讽刺或幽默意味的"受害"。

③**译法**："多亏"；"幸亏"；"亏得"；"由于……（的缘故）"等。

○ みなさんのおかげで、病気もすっかり治りました。
○ ジョギングのおかげで、もともとひよわだった体がすっかり丈夫になりました。
○ 早起きしたおかげで、朝食前に日本語の勉強ができました。
○ 君が手伝ってくれたおかげで、予定よりずっと早く片付いたよ。
○ 今年は夏が涼しかったおかげで、冷房はほとんど使わずに住みました。
○ 留学生活が寂しくないのは、大家さんが親切なおかげです。
○ おかげ（さま）で息子もめでたく社会人となることができました。
○ あんたのおかげで、ひどい目にあった。

【156】～せいで

①**用法**：接在体言后续格助词「の」、用言连体形以及部分助动词的连体形的后面。也可以用「～せいだ。」的形式直接结束句子。

②**意义**：表示受害式的因果关系。即表示由于前项的缘故而导致了后项的消极结果。

③**译法**："就因为"；"就怪"等。

○ わがままな親のせいで、彼女は結婚が遅れました。
○ 夜更かしをするせいで、いつも朝早く起きられません。
○ 彼が遅刻したせいで、みんな飛行機に乗れませんでした。
○ 物忘れがひどくなったのは、年齢のせいだろうか。

【157】～せいか

①**用法**：接在体言后续格助词「の」、用言连体形以及部分助动词的连体形的后面。有时口语还用「～せいでしょうか、～」的表现形式。

②**意义**：表示不确定的受害式的因果关系。即表示由于前项的某种不敢断定的缘故而导致了后项的消极结果。

③**译法**："可能是因为……吧，……"等。

○ 何か悩み事でもあるのだろうか、気のせいか、あの人は少し痩せたようです。
○ 疲れているせいか、思い通りに体が動かない。

○ 覚えが悪いせいか、なかなか思い出せません。
○ 春になったせいでしょうか、いくら寝ても眠くてたまりません。

【158】～ものだから

① **用法**：接在体言后续断定助动词「だ」的连体形「な」以及用言连体形的后面。多用于口语。可以使用「～もんですから、～」的敬体表现形式。也可以使用「～もんだから、～」这种更为随意的表现形式。同时，还可以用「～もの／もんですから。」的表现形式直接结束句子，构成省略句。

② **意义**：表示强调原因式的因果关系。即表示正是由于前项的这种原因才导致了后项的这种结果。

③ **译法**："因为"等。

○ 彼女がこの小説をあまりに薦めるものだから、つい借りてしまいました。
○ あまりにもおかしいものだから、つい笑ってしまいました。
○ 中国語が苦手なものですから、中国旅行は尻ごみしてしまいます。
○ 来ようと思いましたが、家内がねころんでしまったもんですから。

【159】～もので

① **用法**：接用言连体形后。可以使用「～もんで、～」的表现形式。

② **意义**：表示辩白式的因果关系。即表示把前项的事项作为为后项结果进行辩白的理由。

③ **译法**："因为……，所以也就……"等。

○ 昨夜おそくまで起きていたもので、朝寝坊をしてしまいました。
○ とても忙しかったもので、お返事するのがつい遅くなってしまいました。
○ 途中、交通事故がありましたもので、すっかり遅れてしまい、大変失礼しました。
○ あんまり腹が立ったもんで、つい大きな声を出してしまいました。

【160】～ばかりに

① **用法**：接形容词连体形、完了助动词「た」的连体形后。多用于书面语。

② **意义**：表示意外式的因果关系。即表示正是由于前项这种特殊或是意外的缘故，才导致了后项的那种消极结果。

③ **译法**："只因为……，才……"；"就因为"等。

○ 働きがないばかりに、みんなに馬鹿にされています。
○ あなたが大声を出したばかりに、子どもが泣き出してしまいました。
○ 薄着をしたばかりに、風邪を引いてしまいました。

第二十六課　原因、理由等表現

【161】～だけに
① 用法：接体言、用言的连体形或部分助动词连体形后。
② 意义：表示引出必然结果式的因果关系。即表示由于前项这一原因的存在，必然会有后项的结果出现。
③ 译法："正因为……，所以……"；"正因为是……，所以……"；"正因为……，更……"等。
　○ お茶の先生だけに言葉づかいが上品だ。
　○ 母は年をとっているだけに病気をすると心配だ。
　○ この駅は北京鉄道との接点であるだけに、とても大きなステーションでした。
　○ 値が高いだけに物もよい。
　○ 予想しなかっただけに、喜びも大きかった。

【162】～だけあって
① 用法：接体言、用言的连体形或部分助动词连体形后。
② 意义：表示赞赏式的因果关系。即表示说话人以对前项内容怀着钦佩或赞赏的心情，叙述后项的事项。
③ 译法："不愧是……，所以……"；"正因为是……，才……"等。
　○ 有名な教授だけあって、何でもよく知っている。
　○ あの人がスポーツマンだけあって、体格がいい。
　○ 20年もフランスに住んでいただけあって、彼は洋服のセンスがいい。
　○ あれは美味しいだけあって、よく売れる。

【163】～あまり
① 用法：接在表示情感及状态意义的部分名词后续格助词「の」的后面，或者接在含有人的情感色彩的动词的连体形的后面。用「～あまり、～」或「～あまりに、～」的表现形式构成连用修饰；用「～あまりの～」的表现形式构成连体修饰。
② 意义：表示因果关系。即表示由于某个人的某种情感或者某个人所处的某种状态达到了极限程度这一前项的存在，所以产生了后项的那样一种不良结果。
③ 译法："由于过度……"；"因为过于……"；"因为太……"等。可灵活翻译。
　○ 空を飛べた嬉しさのあまり、彼は約束を忘れ、高く高く舞い上がっていきました。
　○ 彼女は悲しみのあまり、病の床に就いてしまいました。
　○ 彼女は驚きのあまりに、手に持っていた鏡を落としてしまいました。
　○ 忙しさのあまり、母に電話をしなければならないことをすっかり忘れていました。
　○ アメリカへ留学に行った娘のことを心配するあまり、つい国際電話をかけてしまいました。

○ 彼は彼女のことを思うあまりに自分のことを犠牲にしてしまっています。

【164】～ばこそ

① **用法**：接动词和形容词假定形后。或者接在体言和形容动词词干后续「である」的假定形「であれ」的后面。常常与「のだ」呼应使用，构成「～ばこそ、～のだ。」的表现形式。

② **意义**：表示唯一式的因果关系。即表示正是因为前项的这一原因才做出后项的动作，或者才有后项的情况出现。

③ **译法**："就是因为……，才……"；"正因为……，才……"等。
　　○ お前の将来を考えればこそ、こうして小言も言うのだ。
　　○ 長ければこそ切ってしまったのだ。
　　○ 優れた教師であればこそ生徒から慕われるのだ。
　　○ 体が健康であればこそ、つらい仕事もやれるのだ。

【165】～以上

① **用法**：接用言连体形或体言后续「である」成分的后面。也可以用「～以上は、～」的表现形式。相同意义的表现形式还有「～上は、～」。

② **意义**：表示既定式的因果关系。即表示既然属于前项这样一种情况，那么，就要、就应该、就打算像后项那样去做。

③ **译法**："既然……，就……"等。
　　○ 口に出した以上、責任をもたなければならない。
　　○ 一旦始めた以上は、最後までやり抜きなさい。
　　○ 学生である以上は、真面目に勉強すべきだ。
　　○ 引き受けた以上は、最後まで責任をもつつもりだ。

【166】～からには

① **用法**：接动词和形容词的终止形以及体言和形容动词词干后续「である」成分的后面。也可以用「～からには、～」「～からは、～」的表现形式。

② **意义**：表示既然式的因果关系。即表示既然属于前项这样一种情况，那么，就要像后项那样去做，或者就要像后项那样坚持下去。另外，还可以用来表示既然属于前项这样一种情况，那么，后项就应该是怎样一种情况的判断。

③ **译法**："既然……，就……"等。
　　○ その仕事を引き受けたからには、最後までやらなければならない。
　　○ こうなったからには、覚悟を決めて腰を据えて取り組むしかないだろう。
　　○ 試合をするからは、勝敗がある。
　　○ 山田さんがそう断言するからには、確かな根拠があるにちがいない。

第二十六课　原因、理由等表现

【167】～ところをみると

① **用法**：接动词连体形、动词连用形后续「ている」成分以及形容词连用形后续完了助动词「た」的后面。

② **意义**：表示判断式的因果关系。即表示以前项事项作为判断的依据，做出对后项事项的判断。

③ **译法**："由……判断"；"由……看出"等。
- 部屋の電気が付いているところをみると、山田さんはまだ起きているようです。
- 人が大勢集まっているところをみると、きっと交通事故があった。
- 今回の募集に対して、予想以上に申し込みが多かったところをみると、この企画は成功するかもしれない。

II. 语词注解

1. ピクニック＝郊游。
2. わがまま者（もの）＝任性的人。
3. 世話（せわ）がやける＝麻烦人。
4. 大目（おおめ）に＝（副词，修饰动词。如：「大目に見る」/宽恕。）饶恕，宽容。
5. 折（お）りから＝正当……的时候，时值……的季节。
6. 容（い）れる＝列入（议程）；采纳。
7. 夜更（よふ）かしをする＝熬夜。
8. 覚（おぼ）えが悪（わる）い＝记忆力不好，记性不好。
9. 尻込（しりご）みする＝踌躇不前，打退堂鼓。
10. 腹（はら）が立（た）つ＝生气，发怒。
11. ステーション＝火车站。
12. スポーツマン＝体育运动员，体育选手。
13. 病（やまい）の床（とこ）に就（つ）く＝卧病在床。

III. 课后练习

一、从a.b.c.d.中选出最符合句子意义的惯用词语，将其符号填写在句中的[　]内。

1. 日本へ行く[　　　]、日本語が少しは話せるようにしておくべきだ。
    a. からには　　　　　b. こととて
    c. とあって　　　　　d. によって

2. 採用したアルバイトの大学生に「何分、未経験の[　　]よろしくご指導ください。」と挨拶され、何とよくできた若者かと感心した。
   a. おかげで　　　　　　　　b. こととて
   c. せいで　　　　　　　　　d. せいか
3. 企業の夏休みが集中する時期[　　]、お盆のころはどの列車も満席だ。
   a. からこそ　　　　　　　　b. ものだから
   c. とあって　　　　　　　　d. せいか
4. 日本留学もいいが、中国人である[　　]、もう少し中国のことを学んで出かけて行ってほしい。
   a. おかげで　　　　　　　　b. せいで
   c. せいで　　　　　　　　　d. 以上は
5. 北京大学は総合大学という[　　]、ほとんどの学科があります。
   a. せいで　　　　　　　　　b. せいで
   c. とあって　　　　　　　　d. だけあって
6. 初めての演奏会[　　]、緊張した様子だった。
   a. からこそ　　　　　　　　b. からには
   c. だけに　　　　　　　　　d. せいか
7. 洪水[　　]、大きな被害を受けた。
   a. につき　　　　　　　　　b. によって
   c. とあって　　　　　　　　d. 以上
8. 君がいた[　　]うまくいったのだ。
   a. からこそ　　　　　　　　b. からには
   c. せいで　　　　　　　　　d. せいか
9. 優勝など考えていなかった[　　]うれしい。乗った馬に感謝しています。
   a. につき　　　　　　　　　b. あまり
   c. だけに　　　　　　　　　d. せいで
10. さすが先生[　　]、教え方が上手だ。
    a. せいで　　　　　　　　　b. せいで
    c. からには　　　　　　　　d. だけあって
11. 魚を焼く[　　]、やっぱり焦げ目があった方がおいしい。
    a. せいで　　　　　　　　　b. せいで
    c. からには　　　　　　　　d. だけあって
12. 豊かな水の[　　]、作物はよく育った。
    a. せいで　　　　　　　　　b. せいで
    c. おかげで　　　　　　　　d. だけあって
13. 駅まであまりに遠かった[　　]、タクシーに乗ってしまった。
    a. によって　　　　　　　　b. ものだから
    c. おかげで　　　　　　　　d. せいか

第二十六課　原因、理由等表現

14. 彼女の言葉を信じた［　　　］ひどい目にあった。
    a. ばかりに　　　　　　　　b. 以上
    c. ところをみると　　　　　d. につき
15. 彼女はさすが中国人［　　　］、中華料理が上手だ。
    a. からこそ　　　　　　　　b. からには
    c. あまり　　　　　　　　　d. だけあって
16. 体が健康であれ［　　　］、辛い仕事もやれるのだ。
    a. ばかりに　　　　　　　　b. だけあって
    c. ばこそ　　　　　　　　　d. せいか
17. 一日に12時間勉強するという［　　　］半年で日本語が上手になりました。
    a. だけあって　　　　　　　b. 以上
    c. ところをみると　　　　　d. につき
18. せっかく海洋国に来た［　　　］、新鮮な魚が食べたい。
    a. おかげで　　　　　　　　b. からには
    c. あまり　　　　　　　　　d. だけあって
19. 祖国を愛すれ［　　　］、自分が犠牲になることなどは恐れない。
    a. ばこそ　　　　　　　　　b. だけあって
    c. ばかりに　　　　　　　　d. せいか
20. 本場の演奏［　　　］、何とも言えない味わいがある。
    a. もので　　　　　　　　　b. せいで
    c. だけに　　　　　　　　　d. せいか

第二十七课　条件表现

一、逆接假定条件表现
二、确定、假定条件表现

Ⅰ.语法解说

一、逆接假定条件表现

【168】～う（よう）が

① **用法**：「うが」接五段动词或形容词未然形后，「ようが」接一段动词、カ变动词、サ变动词未然形后。也可以用「～う（よう）と、～」或「～う（よう）とも、～」的表现形式。前项一般与疑问词相呼应，即构成「疑问词+～う（よう）と、～」的表现形式。用于书面语。

② **意义**：表示无论前项事项的条件如何，后项都会是怎样一种情况。即表示后项事项不受前项事项的约束。

③ **译法**："无论……，都……"等。
　　○ 誰が何と言おうが、ぼくは決心を曲げないつもりだ。
　　○ 文学作品について、どのように判断しようが、それは読者の勝手だ。
　　○ 彼は周りがどんなにうるさかろうが、気にしない人だ。
　　○ 誰にどう思われようと構わない。
　　○ 彼女は、他人がどんなに困っていようとも、心を動かさない人だ。

【169】～う（よう）が～う（よう）が

① **用法**：前后接两个意义相对或相类似的动词、形容词、形容动词。或者接否定助动词「ない」。「うが」接五段动词、形容词、形容动词的未然形以及否定助动词「ない」的未然形后，「ようが」接一段动词、カ变动词、サ变动词未然形后。也可以用「～う（よう）と～う（よう）と、～」的表现形式，意义不变。

② **意义**：表示在前项提出的两个相对的条件中，无论哪个条件成立都不会或者不应该对后项事项产生影响。

③ **译法**："无论……还是……，都……"；"……也好，……也好，都……"等。

第二十七课　条件表现

○ 人が笑おうが陰口をきこうが、彼は一向気にしない。
○ 出かけようが家にいようが、お前の自由だ。
○ 彼女が来ようが来なかろうが、どちらでも構わない。
○ 駆け落ちしようと、心中しようと、勝手にしろ。
○ 相手は大人であろうと、子どもであろうと、その人格を尊重すべきだ。
○ 彼女がやさしかろうがやさしくなかろうが、ぼくとは関係ないことだ。
○ あろうとなかろうと、ぼくの知ったことじゃない。
○ 氷になろうと、水蒸気になろうと、水の本質は変わらない。

【170】～う（よう）が～まいが

① 用法：前后接同一动词。「うが」接五段动词未然形后，「ようが」接一段动词、カ变动词、サ变动词未然形后。「まいが」接五段动词终止形和一段动词、カ变动词、サ变动词未然形后。另外，カ变动词还可以接连用形「き」和终止形「くる」后，サ变动词还可以接终止形「する」和「す」的形式后。也可以用「～う（よう）と～まいと、～」的表现形式，意义不变。

② 意义：表示在前项提出的同一个动词的肯定与否定的相对的两个条件中，无论哪个条件成立，都不会对后项事项产生影响。

③ 译法："不管……还是不……，都……"；"……也好，不……也好，都……"；"无论是……还是不……，都……"等。

○ やろうがやるまいが、ぼくの勝手だろう。
○ 私は夜が明けようが明けまいが、目が覚めるとすぐに散歩に出かけます。
○ あなたが散歩しようがす（る）まいが、私は散歩します。
○ 彼が来ようが来るまいが、どちらでも構わない。
○ 人が見ていようが見ていまいが、正しくないことをしてはならない。
○ 行こうと行くまいと、君の自由だ、
○ たくさん食べようと食べまいと、料金は同じだ。

【171】たとえ～ても

① 用法：「ても」接在动词和形容词的连用形后。形容动词和名词要用「形容动词词干・名词＋でも」的表现形式。使用形容词时，还可以用「たとえ＋形容词连用形＋とも、～」的表现形式。

② 意义：表示即使是在前项假设的极端的条件下，后项的说话人的意志、推测或判断仍然成立，不会受到任何影响。

③ 译法："即使……也……"；"就算……也……"等。

○ たとえ雨が降っても、出かけます。
○ たとえ大地震が来たとしても、この建物なら大丈夫だろう。
○ たとえどんなに忙しくても、約束を忘れてはいけません。

○ たとえ過ちでも、人の物を壊したら、持ち主に謝らなくてはいけませんよ。
○ たとえ冗談でも、そんな失礼なことを言ってはいけませんよ。
○ たとえお金がなくとも、幸せな人生はある。

【172】〜たところで

① 用法1：接动词连用形后。后项一般采用否定或类似否定的表达方式。
② 意义1：表示即使是前项设定的条件成立或者得以实现，后项的说话人所判断的预期结果也不会发生改变。
③ 译法1："即使……也不……"等。
○ いくら頼んだところで、彼は引き受けてはくれないだろう。
○ そう焦ったところで、すぐは解決できないよ。
○ お前がいくら言ったところで、ぼくは信じないよ。
○ 今頃になって急いだところで無駄だ。

④ 用法2：接动词连用形后。后项一般采用程度低、数量少的表达方式。
⑤ 意义2：表示即使是前项的假设条件得以成立，后项也只能是个程度低、数量少的事项。
⑥ 译法2："即使……顶多也就……"；"再……也就……"等。
○ うちの夫は出世したところで、課長どまりでしょう。
○ どんなに遅刻したところで、せいぜい二、三分だと思います。
○ 泥棒に入られたところで、価値のある物はラジオぐらいしかない。

【173】〜であれ

① 用法：接体言后。前项与疑问词呼应使用。也可以用「〜であろうと、〜」的表现形式，意义基本不变。可以同副词「たとえ」呼应使用。
② 意义：表示说话人把前项事项作为条件，做出对后项事项的主观判断或推测。即表示在前项设定的某个极端的条件下，说话人做出的对后项的判断或评价仍然能够成立。
③ 译法："不管……都……"等。
○ どんな山であれ、頂上まで登れる。
○ たとえどれほど小さな物であれ、人の物を盗んではいけない。
○ どんな仕事であろうと、創造的でなければならない。

【174】〜であれ〜であれ

① 用法：都接体言后。也可以用「〜であろうと〜であろうと、〜」的表现形式，意义基本不变。
② 意义：表示在前项并列提出两个事项作为条件，无论哪个条件成立，后项事项均可成立。
③ 译法："无论……或……，都……"；"……也好……也好，……"等。
○ 運動ならバドミントンであれ、テニスであれ、何でも好きだ。

○ 雨天であれ、晴天であれ、旅行の計画は変更しない。
○ 男の子であれ、女の子であれ、とにかく無事に生れてきてほしい。
○ 過去であろうと、現在であろうと、我々の立場は変わっていない。

【175】～といえども
① **用法1**：接体言后。常与疑问词或者副词「たとえ」呼应使用。
② **意义1**：表示让步，在前项假设一个极端条件，在后项叙述即便是在那样的条件下照样怎样或如何。
③ **译法1**："纵然是……也……"；"即使……也……"等。
  ○ どんな悪人といえども、悪いことをした後いい気分はしないと思います。
  ○ たとえ、宗教といえども、人の心の自由を奪うことはできないはずである。

④ **用法2**：接体言后。可以同副词「たとえ」呼应使用。多用于书面语。
⑤ **意义2**：表示在前项举出一个有资历、名望、能力等的人或者与人有关的事物作为条件，在后项对其进行评价或说明。
⑥ **译法2**："虽然……但是……"；"即便……也……"等。
  ○ スポーツマンの山田さんといえども、今度の流感には勝てなかったらしい。
  ○ 冬山は、たとえ、ベテランの登山家といえども、遭難する危険がある。
  ○ 有名な教授といえども字を間違えることがあるのだから、少々の失敗にくよくよすることはない。

⑦ **用法3**：接名词或数量词后。
⑧ **意义3**：表示在前项举出一个事例并加以肯定，在后项展开与之不相符的内容的叙述。
⑨ **译法3**："虽然……但是　　"等。
  ○ 社長といえども、この禁を破ることはできません。
  ○ 暦の上では春といえども、北海道の人々はいまだ真冬の寒さに震えています。
  ○ 父は70歳といえども、まだまだやる気十分です。

⑩ **用法4**：接数量词后。
⑪ **意义4**：表示在前项举出一个最少量或最小程度的事例，在后项展开对其加以肯定的内容的叙述。
⑫ **译法4**："虽然……但是……"等。
  ○ ぼくは一日といえども練習をサボりたくない。
  ○ 日本は物価が高いから、一円といえども、無駄に使うことはできない。

○ いかなる民族といえども、独自の生活用式をもつ権利はある。

【176】〜にしても

① **用法1**：接体言或用言的终止形后。还可以用「〜にしろ、〜」「〜にせよ、〜」的表现形式。

② **意义1**：表示在前项假设一个非现实的条件，在后项叙述即使其条件将来能够实现也会如何。

③ **译法1**："即使……也……"等。
○ どんなにわずかな額の予算にしても、社長の承認を得なければならない。
○ いつかアメリカに行くにしても都会には住みたくない。
○ たとえ車を買うにしても、親にお金を出してもらいたくない。

④ **用法2**：接动词连体形、形容词连体形、体言以及体言后续「である」的成分后。

⑤ **意义2**：表示虽说前项所举事例是个事实，但后项所叙述的与之相关的内容照样成立。

⑥ **译法2**："虽说……但……"；"即便是……但……"等。
○ ぼくを嫌っているにしても、こんな仕打ちはあんまりだ。
○ いくら貧しいにしても、人から施しは受けたくない。
○ 子どものいたずらにしても、笑って済ませられる問題ではない。
○ たとえ失敗作であるにしても、十分に人を引き付ける魅力がある。

⑦ **用法3**：接疑问词或者与疑问词呼应使用的动词连体形后。

⑧ **意义3**：表示不管属于前项给出的内容的哪种情况，都应该是如后项所叙述的那样。

⑨ **译法3**："无论……"等。
○ 誰にしてもそんなことは信じたくないでしょう。
○ 何をするにしても、よく考えてから行動しなさい。
○ いずれにしても結論は次回に持ち越されることになりました。

二、确定、假定条件表现

【177】〜う（よう）ものなら

① **用法**：「うものなら」接五段动词或形容词未然形后，「ようものなら」接一段动词、カ变动词、サ变动词未然形后。多用于书面语。

② **意义**：表示强烈的假定条件，即表示如果是前项那样一种情况的话，那么，肯定就会出现后项的那种消极结果。

③ **译法**："如果……就……"；"只要……就……"等。

○ だまって行こうものなら、きっと叱られるぞ。
○ そんなものを食べようものなら、すぐ病気になるよ。
○ あと五分間遅れようものなら、助からなかったかもしれない。

【178】～とあれば
① **用法**：接体言或用言终止形后。多用于书面语。
② **意义**：表示如果是前项所述情况，必定产生后项所述结果，或肯定就会像后项那样去做。
③ **译法**："如果……，那就……"等。
○ もし必要とあれば、自分の命を投げ出しても構わない。
○ 環境保護のためとあれば、いくらお金を使ってもあたりまえだ。
○ どうしても駄目だとあれば、あきらめるより仕方がない。
○ 電話で済むとあれば、わざわざ行くまでもないだろう。

【179】～としたら
① **用法**：接用言终止形、部分助动词终止形或体言后。可以与副词「もし」、「かりに」呼应使用，构成「もし、～としたら、～」、「かりに～としたら、～」的表现形式。多用于口语。
② **意义**：表示纯粹的假定条件。即表示假设是前项那样一种情况的话，恐怕就会是后项那样一种情况，或者，就会如后项那样去做。
③ **译法**："要是……，就……"等。
○ この話が本当だとしたら、大変なことだ。
○ 自転車に乗らずに歩いて行くとしたら、どのぐらいかかるでしょうか。
○ もし、あなたが警察官だったとしたら、どうしますか。

【180】～とすると
① **用法1**：接用言终止形、部分助动词终止形或体言后。可以与副词「もし」、「かりに」呼应使用，构成「もし、～とすると、～」、「かりに～とすると、～」的表现形式。多用于口语。
② **意义1**：表示假定条件。即表示不知道是不是，假如是前项那样一种情况的话，恐怕就会是后项那样一种情况。
③ **译法1**："假如……的话"等。
○ 歩いて行くとすると、少なくとも半日間はかかります。
○ もし、今月も雨が降らないとすると、水不足になるのは避けられないでしょう。
○ あの時始めていたとすると、今頃はすでに終わっているでしょう。

④ **用法2**：接用言终止形、部分助动词终止形或体言后。不能与副词「もし」、「かりに」呼应使用。多用于口语。
⑤ **意义2**：表示前项事项是个实际存在的事项，从这一事实来看，后项

也许或者应该是怎样一种情况。
　　⑥ 译法2："若是……的话"等。
　　　○ 二時間待ってまだ何の連絡もない<u>とすると</u>、途中で交通事故にでも遭ったのかもしれません。
　　　○「図書館は明日から十日間休館になります。」「十日間休館だ<u>とすると</u>、今日のうちに必要な本を借りておかなければならないな。」

【181】～とすれば

　　① 用法1：接用言终止形、部分助动词终止形或体言后。可以与副词「もし」、「かりに」呼应使用，构成「もし、～とすれば、～」、「かりに～とすれば、～」的表现形式。多用于口语。
　　② 意义1：表示假定条件。即表示不知道是不是前项那样一种情况，假如是的话，恐怕就会是后项那样一种情况。
　　③ 译法1："要是……，就……"等。
　　　○ 環境が悪い<u>とすれば</u>、ここには長く住めません。
　　　○ 一日待っても返事がない<u>とすれば</u>、彼女はもともと引き受けてくれる気がなかったのでしょう。
　　　○ かりに五十人来る<u>とすれば</u>、この教室ではちょっと狭すぎるでしょう。

　　④ 用法2：接用言终止形、部分助动词终止形或体言后。不能与副词「もし」、「かりに」呼应使用。多用于口语。
　　⑤ 意义2：表示前项事项是个实际存在的事项，从这一事实来看，后项也许或者应该是怎样一种情况。与「～とすると、～」的第二种用法意义基本相同。
　　⑥ 译法2："若是……的话"等。
　　　○ これだけ待っても来ない<u>とすれば</u>、もともと来る気がなかったんじゃないでしょうか。
　　　○ 私たちの訓練計画が向こうに知られていた<u>とすれば</u>、仲間の誰かが漏らしたことになります。

【182】～ないかぎり

　　① 用法：接动词未然形后。或者用形容词「ない」构成「～がないかぎり、～」的表现形式。后项可以是肯定的表现形式，也可以是否定的表现形式。
　　② 意义：表示后项事物的发生或存在，以前项为条件。即表示只要前项不成立，后项也就不会成立。
　　③ 译法："没有……，就不能……"；"只要不……，就不可能……"；"除非……否则……"等。可视具体情况而译。
　　　○ 自然に恵まれたこの国では、動物たちも、こちらから襲おうとし<u>ないかぎり</u>、おとなしいものだ。

○ 練習しないかぎり、上達もありえない。
○ この事は君が言わないかぎり、誰も知るはずがない。

【183】～ないことには
① **用法**：接动词未然形后。后项为否定的表现形式。
② **意义**：表示如果前项不成立，后项也就没有实现的可能性。
③ **译法**："不……，就不……"；"如果不……，就不……"等。
○ 努力しないことには、成功するはずがない。
○ 体が健康でないことには、幸せに暮らすこともできないだろう。
○ しっかりしないことには、台無しになってしまう。

【184】～なくして
① **用法**：接体言后。也可以用「～なくしては、～」的表现形式。后项一般采用否定的表现形式或者反问的表现形式。
② **意义**：表示如果没有前项事项的存在，后项的事项也就不能实现或成立。
③ **译法**："如果没有……，就不……"等。
○ 親の援助なくしては、とても一人で生活できません。
○ 酸素なくしては、人間は絶対に生きていられません。
○ 愛なくして何の人生か。

【185】～をぬきにしては
① **用法**：接体言后。后项一般与否定表现形式相呼应。
② **意义**：表示如果不把前项事项纳入考虑范围而排除在外的话，则后项的事项就不能实现，或者实现起来很困难。
③ **译法**："如果……，就无法……"等。
○ 牛をぬきにしては、農耕生活を語ることはできない。
○ 料理の上手な山田さんをぬきにしては、パーティーはあけない。
○ 教育を抜きにしては、国の将来はありえない。

【186】～ものなら
① **用法**：接可能动词、动词的可能态或由形容词构成的具有可能意义的词组后。后项一般采用与人的愿望、期待等有关的表现形式。也可以用「～もんなら、～」的表现形式。
② **意义**：表示对可能性的提示性的假定。即表示在前项设定一项明知办不到或实现起来极其困难的事项作为前提条件，在后项叙述假如其条件能够实现时的一种愿望或期待。
③ **译法**："如果……，就……"等。
○ できるものなら、宇宙旅行をしてみたい。
○ 青少年時代に戻れるものなら、戻ってみたい。
○ もし願いがかなうものなら、この美術館にある絵が全部ほしい。

○ 逃げられるもんなら、逃げてみろ。

【187】～う（よう）ものなら

① **用法**：接动词未然形后。也可以用「～う（よう）もんなら、～」的表现形式。

② **意义**：表示对稍微显得有些夸张的事项的假定。即表示在前项假设一个条件，假如其条件成为了现实的话，则会出现后项的那种不好的、消极的结果。

③ **译法**："如果……的话，……"；"假如……的话，……"等。

○ 彼女は気が短くて、私がデートに少しでも遅れでもしようものなら、怒って帰ってしまいます。
○ あと五分間遅れようものなら、助からなかったかもしれない。
○ そんなに汚い水を飲もうものなら、すぐ病気になるよ。
○ 黙って行こうものなら、叱られるぞ。
○ 外へ一歩でも出ようものなら、すぐ台風に吹き飛ばされてしまう。

【188】～としても

① **用法**：接用言终止形后。

② **意义**：表示语气较重的假定或既定条件。即表示在前项设定一个条件，假如其条件成立的话，就会出现后项的那种消极或相反的结果。

③ **译法**："即使……也……"等。

○ 今すぐ行くとしても、間に合いそうもない。
○ あの時すぐ出かけたとしても、やっぱり遅れたでしょう。
○ 体が丈夫だとしても、衛生に注意しなければならない。
○ 頭はいいとしても、成績はよくない。
○ あのレストランは、環境はいいとしても、従業員の態度がよくない。

Ⅱ.语词注解

1 決心を曲（ま）げない＝不改变决心。
2 気にしない＝不介意，不往心里去。
3 陰口（かげぐち）をきく＝背地里说人坏话，背地里骂人，背地里造谣中伤。
4 ぼくの知ったことじゃない＝与我不相干，我管不着。
5 目が覚（さ）める＝睡醒。
6 無駄（むだ）＝徒劳，白费。
7 バドミントン＝羽毛球。
8 ベテラン＝老资格，老手。
9 練習をサボる＝偷懒不练习，不好好练习。

10 仕打（しう）ち＝（对人的）态度，做法。
11 あんまりだ＝太过分。
12 施（ほどこ）し＝施舍。
13 人を引（ひ）き付（つ）ける魅力（みりょく）＝吸引人的魅力。
14 持（も）ち越（こ）す＝留待解决；留待继续完成。
15 漏（も）らす＝泄漏，走漏。
16 台無（だいな）しになる＝前功尽弃。

III. 课后练习

一、从a.b.c.d.中选出最符合句子意义的惯用词语，将其符号填写在句中的[ ]内。

1. 会社の大切な取引先[　　]、失礼のないようにしなければならない。
　　a. とすると　　　　　　b. ないかぎり
　　c. であれ　　　　　　　d. とあれば
2. 何事も向上心[　　]、上達は望めない。
　　a. とすると　　　　　　b. なくして
　　c. とあれば　　　　　　d. であれ
3. 結果がどう[　　]、彼女が精一杯やったことは認めてやろうじゃないか。
　　a. にしても　　　　　　b. とすれば
　　c. とあれば　　　　　　d. であれ
4. アマチュア[　　]、プロ並みの実力を持つ人もいる。
　　a. とすると　　　　　　b. なくして
　　c. といえども　　　　　d. ないかぎり
5. もし核戦争が起こった[　　]、果たして人類は生き残れるのだろうか。
　　a. としたら　　　　　　b. といえども
　　c. にしても　　　　　　d. であれ
6. 今から始めた[　　]、六時までには終わらないだろう。
　　a. なくして　　　　　　b. ところで
　　c. ものなら　　　　　　d. であれ
7. 何処で何をし[　　]私の勝手でしょう。
　　a. まいが　　　　　　　b. ようが
　　c. ようものなら　　　　d. たところで
8. 雨が降ろ[　　]やりが降ろ[　　]、試合は決行します。
　　a. うが／うが　　　　　b. ようが／ようが
　　c. まいが／まいが　　　d. であれ／であれ
9. 精一杯やったので、たとえ失敗したとし[　　]、悔いはない。
　　a. ようが　　　　　　　b. ても
　　c. たところで　　　　　d. ないかぎり

10. 誰がやった [　　]、我々全員で責任を取らなければならない。
    a. といえども　　　　　　b. ところで
    c. にしても　　　　　　　d. としたら

11. そんなことを彼女に言お [　　]、軽蔑されるでしょう。
    a. ものなら　　　　　　　b. ようものなら
    c. うものなら　　　　　　d. うが

12. 実際に会ってみ [　　]、彼女がどんな人か分からない。
    a. まいが　　　　　　　　b. ようが
    c. ようものなら　　　　　d. ないことには

13. 交通に関しての問題は乗客の安全 [　　] 論じることはできない。
    a. をぬきにしては　　　　b. としたら
    c. とすれば　　　　　　　d. としても

14. 医学部に入る [　　]、いったいどのくらいお金が必要だろうか。
    a. とすると　　　　　　　b. にしても
    c. といえども　　　　　　d. としても

15. マイホームを建てた [　　] 一生借金暮らしだ。借家住まいも悪くないぞ。
    a. ところで　　　　　　　b. なくして
    c. ものなら　　　　　　　d. であれ

16. 彼女の言っていることが真実だ [　　]、証拠がなければ信じるわけにはいかない。
    a. とすると　　　　　　　b. としたら
    c. とすれば　　　　　　　d. としても

第二十八课　对比等表现

一、对比、比较表现
二、最高级比较表现

I．语法解说

一、对比、比较表现

【189】～一方

① **用法1**：接动词连体形后。也可以用「～一方で、～」的表现形式。

② **意义1**：前项与后项属于并列关系。表示某个人或某个事物的前后两个性质相似的侧面。

③ **译法1**："一方面……，另一方面……"；"一方面……，同时……"等。

○ うちの会社は、国内での販売に力を入れている一方で、海外への輸出にも積極的である。
○ 農業を発展させる一方、工業も発展させなければならない。
○ 自分の仕事をこなす一方で、部下の面倒も見なければならない。

④ **用法2**：接动词连体形后。也可以用「～一方で、～」的表现形式。

⑤ **意义2**：前项与后项属于转折关系。表示某人或某个事物的前后两个性质截然相反的侧面。

⑥ **译法2**："一方面……，而另一方面……"；"一方面……，同时……"等。

○ あの国では、老人が増える一方で、子どもの数が減っている。
○ あの人は、口ではうまいことを言っている一方、陰では人を陥れている。
○ あの人はお金に困っていると言う一方、ずいぶん無駄遣いをしているらしい。

【190】～う（よう）か～まいか

① **用法**：前后接同一动词。「うか」接五段动词未然形后，「ようか」接一段动词、カ变动词、サ变动词未然形后。「まいか」接五段动词终止形和

一段动词、カ变动词、サ变动词未然形后。另外，カ变动词还可以接连用形「き」和终止形「くる」后，サ变动词还可以接终止形「する」和「す」的形式后。

② **意义**：表示说话者的第一人称在前项提出某个动作，将其动作的肯定与否定作为选项，在后项叙述实行不实行其选项时的犹豫状态。

③ **译法**："是……还是不……"等。
　○ 車を買おうか買うまいか、心が揺れています。
　○ この事を妻に話そうか話すまいか、一晩考えました。
　○ 今晩の映画を見ようか見まいかと迷っています。
　○ 彼女は今年に結婚しようかするまいか、心に決めていないようです。

【191】～かと思うと

① **用法**：接动词连用形后续完了助动词「た」的后面。可以与「たちまち」、「すぐ」之类的副词呼应使用。也可以用「～かと思えば、～」或「～かと思ったら、～」的表现形式，意义基本不变。同时，还可以用「～と思うと、～」的表现形式，但瞬间性减弱。不能用于说话人自身行为的叙述。后项多采用令说话人感到吃惊或意外的表现形式。

② **意义**：表示前后两个事项在非常短的时间内相继发生。即表示前项的事项刚刚结束，紧跟着或者几乎同时便发生了后项的事项。

③ **译法**："刚……就……"等。
　○ 急に空が暗くなったかと思うと、大粒の雨が降ってきました。
　○ 彼は家を出たかと思うと、駆け出しました。
　○ 雪が降り出したかと思うと、すぐ止みました。
　○ 花子さんったら、今までにこにこしていたかと思えば、突然泣き出しだりして、本当に、よく気分の変わる人だ。
　○ 山田さんたら、来たかと思ったらすぐ帰ってしまった。

【192】～かと思えば

① **用法1**：接动词终止形或体言后。也可以用「～かと思うと、～」或「～かと思ったら、～」的表现形式，意义基本不变。

② **意义1**：表示后项的现状与前项的说话人的预想相反或不符。或者表示现状与预想相反的事态的重复。此时用「～かと思えば～、～かと思えば～、」或「～かと思うと～、～かと思うと～」的表现形式。

③ **译法1**："原以为……哪里知道……"；"以为……却……"等。
　○ 宿題をしているかと思えば、漫画を書いている。
　○ 今年こそ冷夏と思えば、猛暑で毎日だるような暑さだ。
　○ 故障かと思ったら、停電でした。
　○ 何かと思ったら、そんなことだったのか。
　○ 来るかと思うと欠席だし、休むかと思うと出席している。

第二十八课　对比等表现

　　④ **用法 2**：接动词终止形后。一般采用「～かと思えば～も～」的表现形式。也可以用「～かと思うと～も～」的表现形式，意义基本不变。一般使用表示存在意义的动词。
　　⑤ **意义 2**：表示前项与后项两个对比或相对立的事项的共存、并列。
　　⑥ **译法 2**："既……又……"等。
　　　○ 熱心に授業に出る学生がいる<u>かと思えば</u>、全然出席せずに試験だけ受けるような学生もいる。
　　　○ このクラスには、真面目な学生がいる<u>かと思えば</u>、不真面目な学生もいる。
　　　○ 一生懸命勉強する生徒がいる<u>かと思えば</u>、遊んでばかりいる生徒もいる。
　　　○ 葉が全部落ちた木がある<u>かと思えば</u>、まだたくさん残っている木もある。

【193】～かわりに
　　① **用法 1**：接用言连体形后。
　　② **意义 1**：表示用后项的行为方式代替前项的行为方式。
　　③ **译法 1**："不……而……"等。
　　　○ 今度は汽車に乗る<u>かわりに</u>、飛行機で行きましょう。
　　　○ 雨が降っているのでピクニックに行く<u>かわりに</u>、映画を見に行くことにしました。
　　　○ 今年から麦を植える<u>かわりに</u>、とうもろこしを植えることにしました。

　　④ **用法 2**：接体言后续格助词「の」的后面。
　　⑤ **意义 2**：表示用后项的人物、事项或物体代替前项的人物、事项或物体。
　　⑥ **译法 2**："不……而……"等。
　　　○ 病気の母の<u>かわりに</u>、私が妹たちの面倒を見ることになりました。
　　　○ そんなに忙しかったら、あなたの<u>かわりに</u>私が行きましょう。
　　　○ こちらでは石炭の<u>かわりに</u>薪を燃料とします。
　　　○ 今では紙袋の<u>かわりに</u>ビニール袋が使われています。

　　⑦ **用法 3**：接用言连体形后。
　　⑧ **意义 3**：表示双方间的付出与补偿的关系。即表示对前项一方的付出，后项的另一方给予相应的补偿。
　　⑨ **译法 3**："作为补偿"等。
　　　○ 中国語を教えてもらう<u>かわりに</u>、英語を教えてあげよう。
　　　○ 先週はおごってもらった<u>かわりに</u>、今週はぼくがおごろう。

　　⑩ **用法 4**：接用言连体形后。
　　⑪ **意义 4**：表示某个人或某个事物同时具有前项与后项两个相互对立或相

互抵消的侧面。
⑫ **译法4**："……的同时……"；"虽然……但是……"等。
○ 山田さんは遅刻もしない<u>かわりに</u>、仕事もあまりしない。
○ あの人は、失敗もない<u>かわりに</u>、大きな成功もない。
○ 彼女は長所が多い<u>かわりに</u>、欠点も少なくない。
○ この辺は買い物などに便利な<u>かわりに</u>、ちょっとうるさい。

【194】〜というより

① **用法**：接动词终止形、形容词终止形、形容动词词干以及体言后续判断助动词「だ」等的后面。常常和副词「むしろ」呼应使用，构成「〜というより、むしろ〜」的表现形式。还可以用「〜というよりは、〜」的表现形式。类似的表现形式还有「〜というよりも、〜」、「〜というよりも、むしろ〜」等。

② **意义**：表示不否定对前项内容的定性，但比较起来，认为还是后项那样的判断、评价、说法等更为妥当。

③ **译法**："与其……还不如……"；"与其说……不如说……"；"与其说是……不如说是……"等。
○ 教える<u>というより</u>、むしろ私が教えられているのです。
○ 父の頭は、髪の毛が薄い<u>というより</u>、むしろはげに近いのだが、当人は認めたがらない。
○ 「この辺は賑やかですね。」「賑やか<u>というより</u>、うるさいくらいなんです。」
○ その犬は、ペット<u>というより</u>、むしろ猛獣と言った方がいいくらいどう猛だ。
○ 宇宙旅行をしてみることは、子どもたちの夢だ<u>というより</u>は、むしろ全人類の永遠のあこがれである。

【195】〜どころか

① **用法1**：接体言或用言连体形后。

② **意义1**：表示在前项举出一个一般性的事例，在后项举出另一个比其程度更深的事例，用后项事例来证明或强调前项事例的内容与实际情况相差甚远。

③ **译法1**："别说……，就连……也……"；"岂止……，……也……"等。
○ 山田さんは中国語<u>どころか</u>、アラビア語もトルコ語も知っています。
○ 彼女は天津<u>どころか</u>、海外へまで行ったことがあります。
○ うちの会社の製品は日本<u>どころか</u>、遠いヨーロッパや南米にまで輸出されています。

④ **用法2**：接体言或用言连体形后，与提示助词「も」和否定形式呼应使用，构成「〜どころか、〜も〜ない」的表现形式。

⑤ **意义2**：表示在前项举出一个事例，在后项举出比其程度低、性质差的另一个事例，并加以全部否定，以此来强调或说明情况很差。
⑥ **译法2**："别说……，甚至连……也……"；"岂止……，就连……"等。
　　○ 彼女は焼酎どころかビールも飲めない。
　　○ 五十万円どころか、びた一文もない。
　　○ あの人は家事をするどころか、顔も洗わないくらいの怠け者だ。

⑦ **用法3**：接体言或用言连体形后。
⑧ **意义3**：表示从根本上否定前项事项，并在后项举出比其程度更深的另一个事项，以此来强调或说明某个事物的性质或状态等。
⑨ **译法3**："别说……，甚至连……也……"；"非但不……，反而……"等。
　　○ 雨は止むどころか、大降りになった。
　　○ 寒いどころか、春のような温かさだ。
　　○ あの人は馬鹿などころか、なかなか利口だ。
　　○ 彼女は独身どころか、もう子どもが五人もある。

【196】～ないまでも
① **用法**：接动词未然形后。
② **意义**：表示虽然达不到前项所提事项的程度，但至少要做到后项事项的程度。实际上是一种从较高程度的事项退到现实问题的表达方式。后项多用表示意志、判断、要求、希望、命令等意思的表现形式，例如「～なさい」、「～てください」、「～てほしい」、「～だろう」、「～べきだ」等。
③ **译法**："虽然……，但至少……"；"虽说……，但至少……"等。
　　○ 毎日とは言わないまでも、週に一、二度は掃除しようと思います。
　　○ 絶対とは言えないまでも、優勝する確立はかなり高いと思います。
　　○ 予習しないまでも、せめて授業には出てきなさい。
　　○ 助けてくれないまでも、嘲笑することはないだろう。
　　○ わざわざ行かないまでも、電話でお礼ぐらいは言うべきだ。

【197】～に代（か）わって
① **用法**：接体言后。
② **意义**：表示两个人或两个事物之间的替代关系。即表示某个人替代某个人干什么，或者表示某个事物替代某个事物怎样。稍微郑重的场合，也可以用「～にかわり、～」的表现形式。同时，还可以用「～のかわりに、～」的表现形式来替换。敬体用「～にかわりまして～」的表现形式。
③ **译法**："虽然……，但至少……"；"虽说……，但至少……"等。
　　○ 今夜の町内の集まりには、病気の父に代わって兄が出席しました。
　　○ 今夜の町内の集まりには、病気の父に代わり、兄が出席いたします。
　　○ 本日はお忙しいところをありがとうございました。一同に代わりまし

てお礼申し上げます。
○ 二十一世紀には、これまでの先進諸国にかわって、アジア諸国が世界をリードするようになるのではないだろうか。

【198】～に対して

① **用法1**：接体言或用言连体形后续形式名词「の」的后面。
② **意义1**：表示某个事物的两个侧面的对照关系。即表示从两个相对或相反的侧面叙述某个事项。
③ **译法1**：视具体内容灵活翻译。
○ 住宅の平均寿命は、日本がわずか26年に対して、イギリスのものは75年というデータがあります。
○ 日本では、大学に入るのに対して、出るのはそんなに難しくないと言われています。

④ **用法2**：接体言或用言连体形后续形式名词「の」的后面。
⑤ **意义2**：表示前后两个事项之间的对立关系。即表示前项事物和后项事物从内容或意义上看正好相反。
⑥ **译法2**："与……相反，……"等。
○ 仮名は、音を示すだけであるのに対して、漢字は意味も表しています。
○ 彼女が自民党を支持しているのに対して、彼は民社党を支援しています。
○ 兄が背が低いのに対して、弟の方はクラスで一番高いです。

【199】～に反して

① **用法**：接体言后。用于书面语或口语。也可以用「～に反し、～」的表现形式，但只用于书面语。连体修饰用「～に反する～」的表现形式。前接词多用「期待」、「予想」、「予測」等词语。
② **意义**：表示前后两个事项之间的对照关系。即表示后项的结果与前项的期待、预料、想象等相反。
③ **译法**："与……相反"等。
○ 家族の期待に反して、二人は結局結婚しませんでした。
○ 予想に反して、今年の試験はかなり難しかったそうです。
○ 年初の予測に反して、今年は天候不順の年となりました。
○ 人々の期待に反し、景気は依然低迷を続けています。
○ これに反して、我が国と各国との友誼はなおいっそう強固なものになっています。

【200】～にひきかえ

① **用法**：接体言后。用于书面语，口语一般用「～にくらべて、～」的表现形式。

② **意义**：表示前后两个人物或事项之间的对照关系。即表示后项与前项相反。
③ **译法**："与……相反，……"；"与……不同，……"等。
   ○ 努力家の弟にひきかえ、兄は怠け者です。
   ○ この頃は子供っぽい男子学生にひきかえ、女子学生の方が社会性があってしっかりしているようです。
   ○ 主人公の少年の生き方に感動し、それにひきかえ自分は何てあまったれた人間かと恥ずかしかったです。
   ○ ある会社が長期的な視野をもっているのにひきかえ、ある会社は目先の利益ばかりを追っています。

【201】～反面
① **用法**：接用言连体形后。也可以写作「半面」。前后项为同一主语或主题。
② **意义**：表示某个人或某种事物同时兼有前后项两种截然不同的性质。
③ **译法**："一方面……，但另一方面……"等。
   ○ 川は豊かな恵みをもたらす反面、凶暴な破壊者に変身することもあります。
   ○ あの先生は非常に厳しい反面、優しいところもあります。
   ○ 長い髪を切る時は、どんなふうになるかと心配な反面、期待もありました。
   ○ 科学技術は、文明を進歩させる半面、戦争の危険を大きくします。

二、最高级比较表现

【202】～にかぎる
① **用法**：接动词连体形、否定助动词「ない」以及体言的后面。多用来直接结束句子。
② **意义**：表示最佳选择。
③ **译法**："最好……"；"最……"等。
   ○ 連休はどこも大変な人出で、こんな時は、家でのんびりしているにかぎります。
   ○ 太りたくなければ、カロリーの高いものを食べないにかぎります。
   ○ 真夏の時はビールにかぎります。

【203】～に比べて
① **用法1**：接体言或动词连体形后续形式名词「の」的后面。
② **意义1**：表示前后两个事项之间的比较。即表示某个人与某个人、某个事物与某个事物、某段时间与某段时间等相比，情况如何。
③ **译法1**："与……相比，……"等。

○ 男性に比べて女性の方が柔軟性があると言われます。
○ 足に比べて胴が長すぎるのが、ぼくの悩みの種です。
○ 大都市間を移動するのに比べて、田舎の町へ行くのは何倍も時間がかかります。
○ 例年に比べて今年は農作物の出来がいいです。

④ **用法2**：接体言或用言连体形后续形式名词「の」的后面。也可以用「～に比べると、～」的表现形式，意义基本上不变。
⑤ **意义2**：表示某个人或某个事物的两种情况之间的比较。即表示就某个人、某个事物从前后的时间顺序来看，或者从不同的侧面来看，情况如何。
⑥ **译法2**："与……相比，……"等。
○ 五年ぶりに会ういとこは、以前に比べてずいぶん大人びていました。
○ ある種の動物は、体の重さに比べて、非常に軽い脳をもっています。
○ 「生きている化石」カブトガニも、30年ほど前に比べると、十分の一以下に減ってしまいました。

【204】～にもまして
① **用法**：接体言后。接在「何」等疑问词后面时，表示最高限度的肯定。
② **意义**：表示两个事项或某个事物的前后两个时间段之间一方胜似另一方的比较。即表示前后两个事项或某个事物的前后两个时间段相比较，后项更胜前项一筹。
③ **译法**："比……更……"等。
○ 日本の夏は暑い。しかし、暑さにもまして耐え難いのは、湿度の高さです。
○ 観客が、以前にもまして増えたので、役者たちの表情もいちだんと明るくなりました。
○ この仕事には力が要るが、それにもまして、辛抱強さが要求されます。
○ 錦を織り続ける機の音が、何にもまして美しい音楽に聞こえてきました。

【205】～ほど～ない
① **用法**：接体言或动词连体形后。
② **意义**：表示一方把另一方作为比较的基准。即表示一方以另一方为基准加以比较，在某个方面达不到比较基准的那种程度。
③ **译法**："……不如……那么……"；"……不像……那么……"等。
○ 今年の冬は去年ほど寒くありません。
○ 昨日の試験は思っていたほど難しくありませんでした。
○ 日本人は以前ほど米を食べなくなったそうです。
○ 教師の仕事はそばでみているほど楽ではありません。
○ 私は彼ほど賢くありません。

第二十八课　对比等表现

【206】～ほど～はない

① 用法：接体言后。也可以用「～くらい～はない」的表现形式。

② 意义：表示说话人主观认定某个事物与其他相比较是程度最高的，是同类事物无法与之相比的。

③ 译法："没有比……更……"等。

○ 試験ほどいやなものはない。
○ 君ほど音楽が好きな人はいない。
○ この都市ほど家賃の高いところはない。
○ 山田さんほど真面目に勉強する学生はいない。

II．词语注解

1. 無駄遣（むだづか）いをする＝浪费。
2. 薪（まき）＝劈柴。
3. ペット＝宠物。
4. トルコ語＝土耳其语。
5. リードする＝领导，带领，率领。
6. カロリー＝（热量单位）卡。
7. 大人（おとな）びる＝（「びる」是结尾词，接名词或形容词词干后，表示"变成……样子"的意思。如：「田舎びる」／有乡村味。）长大，长成大人样。
8. カブトガニ＝鲎鱼。

III．课后练习

、从a．b．c．d．中选出最符合句子意义的惯用词语，将其符号填写在句中的[   ]内。

1. 彼女は全面的に協力すると言う［　　］、こちらが何か頼んでも忙しいからと言って断わってくる。
   a.かわりに　　b.一方　　c.どころか　　d.にひきかえ

2. 雪が降る［　　］、また晴れた。
   a.かと思うと　b.かわりに　c.どころか　　d.に反して

3. こちらでは石油の［　　］ガスを使っている。
   a.かわりに　　b.一方　　c.反面　　　d.ないまでも

4. 手伝ってくれている［　　］、むしろ邪魔をしていると言った方がいい。
   a.かわりに　　b.かと思えば　c.かと思うと　d.というより

5. 一万円［　　］、一円もない。
   a.かと思うと　b.かわりに　c.どころか　　d.に反して

6. わざわざ来ない [　　]、電話でお礼ぐらいは言うべきだ。
   a. どころか　　　　b までも　　　c. に反して　　d. に対して
7. 私 [　　] みなさんによろしくお伝えください。
   a. にかわって　　　b. かわりに　　c. にひきかえ　d. に反して
8. 冬は北海道 [　　] ここはやや暖かいのだ。
   a. かわりに　　　　b. にひきかえ　c. にかわって　d. に対して
9. 今回の交渉では、大方の見方 [　　]、相手側がかなり思い切った譲歩案を提示した模様だ。
   a. にかわって　　　b. かわりに　　c. にひきかえ　d. に反して
10. 弟 [　　] 兄は誰にでも好かれるりっぱな青年だ。
    a. にかわって　　　b. かわりに　　c. にひきかえ　d. というより
11. あの人は頑固者である [　　]、涙もろい性格だ。
    a. にかわって　　　b. 反面　　　　c. にひきかえ　d. どころか
12. なんといっても旅行は夏休み [　　]。
    a. に限る　　　　　b. にもまして　c. にひきかえ　d. どころか
13. 男性 [　　] 女性の方が柔軟性があると言われている。
    a. にかわって　　　b. かわりに　　c. にひきかえ　d. に比べて
14. この仕事には力が要るが、それ [　　]、辛抱強さが要求される。
    a. にかわって　　　b. かわりに　　c. にもまして　d. どころか
15. 面白い [　　]、大変難しかった。
    a. どころか　　　　b. にもまして　c. に比べて　　d. 一方
16. 美穂さんは静かな [　　]、すごいおしゃべりだ。
    a. 一方　　　　　　b. にもまして　c. どころか　　d. に比べて

第二十九课　附加等表现

一、附加表现
二、伴随表现
三、比例表现

Ⅰ.语法解说

一、附加表现

【207】〜うえに

① **用法**：接用言连体形后。常用「〜うえに」的表现形式。
② **意义**：表示在前项的事项的基础上，补充或追加上后项的事项。
③ **译法**："既……又……"；"不仅……，而且……"等。
　　○ ご馳走になったうえに、お土産までいただきました。
　　○ その壁画は保存状態がいいうえに、図柄もこれまでにない大胆なもので、考古学者たちの注目の的となっています。
　　○ あの人は才能がないうえに、経験も乏しいです。
　　○ この果物屋の果物は新鮮なうえに、値段も安いです。
　　○ 去年は冷夏であるうえに、台風の被害も大きかったです。

【208】〜とあいまって

① **用法1**：接体言后。用「〜は〜とあいまって」的基本句式。多用于书面语。
② **意义1**：表示某项事物在与某种因素的相互作用下，出现了某种结果，或者呈现出了某种状态。
③ **译法1**："……与……相结合，……"；"……加上……"等。需要视具体内容灵活翻译。
　　○ 彼女の才能は人一倍の努力とあいまって、みごとに花を咲かせました。
　　○ 電車のストップした駅は、夕方のラッシュ時とあいまって、ものすごい混雑となった。
　　○ 彼の現代的な建築は背景の素晴らしい自然とあいまって、シンプルで安らぎのある空間を生み出しています。

④ **用法2**：接体言后。用「～と～があいまって」或「～と～とあいまって」的基本句式。多用于书面语。
⑤ **意义2**：表示在某两项事物的共同作用或相互作用下，出现了某种结果，或者呈现出了某种状态。
⑥ **译法2**：需要灵活翻译。
　○ 都心に近いのと環境のよさがあいまって、その土地は高価格でも飛ぶように売れている。
　○ 昨日は、休日と好天気があいまってどこの遊園地もたいへんな人出でした。
　○ いい香りと甘さとあいまって、その果物は今若い女性の間で人気があります。

【209】～に加えて

① **用法**：接体言后。多用于书面语。
② **意义**：表示在前项的事项之上，又补充、追加上后项的事项。
③ **译法**："不仅……而且……"；"……再加上……"等。
　○ 風に加えて雨まで降り出したので、慌てて家まで走って帰りました。
　○ 二人は、子どもの誕生に加えて、仕事も順調に進み、幸せで毎日を送っています。
　○ 去年は家の新築に加えて、兄の結婚式もあったので忙しかったです。

【210】～はおろか

① **用法**：接体言后。后项一般用否定或消极的表现形式。多用于书面语。
② **意义**：表示前项的事项自然不必说，就连后项的比较极端的事例也不例外地属于某种情况。一般用来表示负面的、消极的评价。
③ **译法**："别说……了，连……都不……"；"不用说……了，连……也……"等。
　○ 人はおろか、猫も通らない。
　○ 漂流して三日間、島影はおろか船の姿すら見当たりませんでした。
　○ ぼくは、海外旅行はおろか国内旅行さえ、ほとんど行ったことがありません。
　○ 山田さんはアレルギーがひどくて、卵はおろかパンも食べられないそうです。
　○ あの時、私の一家は肉はおろか、とうもろこしの粥さえ食べられませんでした。

【211】～はもちろん

① **用法**：接体言后。一般与「も」、「ても」、「でも」、「にも」等助词呼应使用。也可以用「～はもちろんのこと、～も～。」的表现形式。
② **意义**：表示一般程度的前项事项自不待言，就连程度较高或极端的后项事项也不例外地属于某种情况。可以用于负面的评价，但主要还是用来表示正

面的、积极的评价。

③ **译法**："别说……了，连……都……"；"不用说……了，连……也……"等。

- あの人はスポーツ万能で、テニスはもちろん、ゴルフもサッカーもうまいです。
- 明日のパーティーは、いろいろな国の料理はもちろん、カラオケもディスコもあります。
- 大都市ではもちろん、田舎でもテレビが見られるようになりました。
- 彼は語学の天才で、英語はもちろんのこと、ドイツ語、フランス語もペラペラです。
- 日本人の名前の読み方は、外国人にはもちろん、日本人にとっても難しいです。

【212】〜はもとより

① **用法**：接体言后。一般与「も」、「ても」、「でも」、「にも」等助词呼应使用。多用于书面语。

② **意义**：与「〜はもちろん、〜も〜。」的意义基本相同，只是语气要显得更郑重一些。表示一般程度的前项事项自不待言，就连程度较高或极端的后项事项也不例外地属于某种情况。既可以用于正面的、积极的评价，也可以用于负面的评价。

③ **译法**："别说……了，连……都……"；"不用说……了，连……也……"等。

- この公園は休日はもとより、平日も人でいっぱいです。
- 私は何時も手書きです。コンピューターはもとより、タイプライターすら使ったことがありません。
- 結果はもとより、その過程も大切です。
- 彼は、水泳はもとより、スポーツなら何でもできます。
- これは、子どももはもとより、大人が見ても楽しいミュージカルです。

【213】〜もさることながら

① **用法**：接体言后。

② **意义**：表示某个事物或人不仅在什么方面如何，在另外一个方面更加如何。即表示前项事项自不必说，后项事项更加如何。

③ **译法**："……就不用提了，就连……都……"；"不用说……，……也……"等。

- このドレスは、デザインもさることながら、色使いが素晴らしいです。
- あのレストランは、料理もさることながら、眺めの良さが最も印象的でした。
- 彼女は、英語もさることながら、日本語も堪能です。

【214】～も～ば～も

① 用法：两个「も」都接体言后，「ば」接用言假定形后。构成「体言＋も＋用言假定形＋「ば」＋体言＋も」的表现形式。也可以用「动词连用形＋もしなけれ＋ば＋动词连用形＋もしない」的表现形式。

② 意义：表示两个同类事项的并列。或者表示两个对照性的事项或行为的并列。

③ 译法："既……也……"等。

○ 学校の近くには、郵便局もあれば銀行もあります。
○ 私はタバコも吸わなければ、酒も飲みません。
○ 惜しげもなく捨てる人もいれば、待ち構えていて拾っていく人もいます。
○ 騙されもしなければ、おどしにたじろぎもしません。

二、伴随表现

【215】～かたがた

① 用法：接サ变动词词干后。也可以接个别名词或动词的连用形后。可以用于郑重的场合。

② 意义：表示说话人或者某个人在做前项事情的同时，顺便做后项的事情。前项为主要意图上的行为，后项为顺便的行为。

③ 译法："顺便……"等。

○ 友達が病気になったというので、お見舞いかたがた家を訪ねることにしました。
○ 歩いて20分ぐらいのところですから、今度散歩かたがたおいでください。
○ 近いうちにお礼かたがた、お伺いします。
○ 買い物に行きかたがた、手紙を出しました。

【216】～かたわら

① 用法：接动词连体形或名词后续格助词「の」的后面。多用于书面语。

② 意义：表示说话人或某个人的前后两种行为或动作的并存。也可以表示前后两个人的行为的并存。以前项为主，后项为辅。

③ 译法："边……边……"；"一面……一面……"等。

○ ぼくは、学校に通うかたわら、夜はスーパーで働いています。
○ 弟は学校へ出るかたわら、アルバイトをしています。
○ 母は家事のかたわら、近所の子供たちにピアノを教えています。

【217】～がてら

① **用法**：接名词或动词的连用形后。语气显得不是很郑重，多用于较为随便的场合。

② **意义**：表示说话人、某个人或某些人在做前项事情的同时，顺便做后项的事情。前项为主要意图上的行为，后项为次要意图上的行为。

③ **译法**："顺便……"等。
- ○ 散歩がてら、タバコを買ってきました。
- ○ 引っ越してきてから二週間ほどの間、私は運動がてら近所の町を歩き回りました。
- ○ 友達を駅まで送りがてら、買い物をしてきました。
- ○ この歴史の本は外国人にも分かるようにやさしく書いてあるので、歴史の勉強がてら、日本語を勉強することにもなります。

【218】～ついでに

① **用法**：接动词连体形、动词连用形后续完了助动词「た」或名词后续格助词「の」的后面。

② **意义**：表示说话人或某个人利用做前项事情的机会，就便或顺路做后项的事情。

③ **译法**："顺便……"；"顺手……"；"就便……"等。
- ○ 国際シンポジウムに参加するついでに創価大学の池田先生を訪ねたいです。
- ○ 子供をお医者へ連れて行ったついでに、私も見てもらいました。
- ○ 買い物のついでに、図書館へ行って本を借りて来ました。

三、比例表现

【219】～について

① **用法1**：接体言加数量词后。

② **意义1**：表示以前项的数量为单位或基准，实行后项的动作。

③ **译法1**："每……"等。
- ○ 乗客一人について三つまでの手荷物を持ち込むことができます。
- ○ 作業員四人について一部屋しか割り当てられませんでした。
- ○ 車一台について三千円の使用料を頂戴いたします。

④ **用法2**：接体言后。

⑤ **意义2**：表示就前项的内容进行后项的动作。前项为后项的连体修饰时用「～についての～」的表现形式。

⑥ **译法2**："就……"，"关于……"等。
- ○ 都会の生活用式について調べています。
- ○ あのかたの家族についてあまり詳しいことは存じません。

○ 高校時代の山本について、私はこれといった特別な思い出は持っていません。
○ 彼女の博士論文は「中国の経済発展について」というテーマでした。
○ みんな将来についての夢を語りました。
○ 彼も中国の古典文学についての研究会に出席しました。

【220】～につき

① 用法1：接体言加数量词后。为「～について」的郑重的说法。
② 意义1：表示以前项的数量为单位或基准，实行后项的动作。
③ 译法1："每……"等。
○ この会場の使用料は一時間につき五百円頂戴します。
○ 参加者百人につき五人の随行員がつきました。
○ 学費は一人一年につき五万円かかります。
○ この参考資料は、二人につき一冊配付することにします。

④ 用法2：接体言后。
⑤ 意义2：表示就前项的内容进行后项的动作。为「～について」的郑重的说法。
⑥ 译法2："就……"；"关于……"等。
○ 一昨年から都市計画の問題につき、研究を行っています。
○ 会社の移転問題につき審議が行われました。
○ 領土の分割案につき関係各国の代表から厳しい批判が浴びせられました。

⑦ 用法3：接体言后。
⑧ 意义3：表示前项为后项的原因、理由。主要用于书信等郑重的场合。
⑨ 译法3："由于……的原因"等。
○ 父は高齢につき参加を取りやめさせていただきます。
○ 来週の水曜日は、定休日につき、休ませていただきます。
○ 雨天につき、ピクニックを取りやめます。
○ 店内改装につき、しばらく休業させていただきます。
○ 先週出した手紙は料金不足につき、返送されました。

【221】～に対して

① 用法1：接体言加数量词后。可以与「～について、～」「～につき、～」的此种用法互换使用。前项为后项的连体修饰时，用「～に対する～」的表现形式。
② 意义1：表示以前项的数量为单位或基准，实行后项的动作。
③ 译法1："每……"等。
○ 学生15人に対して教員一人が配置されています。
○ 研究員一人に対して年間50万円の補助金が与えられます。

○ 十五に対して二の割合で砂を混ぜます。
○ 研究員一人に対する年間の補助金は50万円です。
○ 教員一人に対する学生数は15人という計算になります。

④ **用法2**：接体言后。
⑤ **意义2**：表示对前项的某个人、人的某种行为以及某个事项，后项施与某种行为、态度或情感。前项为后项的连体修饰时，用「～に対しての～」或「～に対する～」的表现形式。
⑥ **译法2**："对……"；"对于……"等。
○ この賞は特に環境改善に功績のあった人に対して贈られるものです。
○ 現在容疑者に対しての取り調べが行われているところです。
○ 彼は私の質問に対して何も答えてくれませんでした。
○ 私の発言に対して彼女も猛烈に攻撃を加えてきました。
○ あの人は政治に対して関心がうすいようです。
○ 子供に対する親の愛情は計り知れません。

⑦ **用法3**：接在名词加数量词或用言连体形加形式名词的后面。
⑧ **意义3**：表示用来列举前后两个对立的事项。即表示与前项相反，后项如何。
⑨ **译法3**："与……相比"；"与……相反"等。
○ 月給は男性50万円に対して、女性は40万円です。
○ 日本では、大学に入ることに対して出ることはそんなに難しくないと言われています。
○ 弟が背が高いのに対して、兄の方はクラスで一番低いです。
○ 「きもの」はふつう、洋服に対して、和服を指して言います。
○ 仮名は、音を示すだけであるのに対して、漢字は、意味も表しています。

【222】～とともに

① **用法1**：接名词（多为具有发展或变化含义的名词、动名词）或部分动词、形容词的后面。
② **意义1**：表示后项随着前项发生某种变化或出现某种情况。
③ **译法1**："随着……"；"……的同时……"等。
○ 秋の深まりとともに、柿が美味しくなってきました。
○ テレビの普及とともに、映画は衰退しました。
○ 国家の経済力の発展とともに、人々の生活も豊かになりました。
○ 地震の発生とともに、津波が発生することがあります。
○ 秋が深まるとともに、遠くの山の姿がいっそう際立っていきます。
○ 彼の言葉が嬉しいとともに、少し不安でもありました。

④ **用法2**：接在与人相关的名词以及表示机关单位意义的名词的后面。

⑤ **意义2**：表示一方随着另一方如何，即表示二者一起、共同怎样。
⑥ **译法2**："与……一起……"等。
- 父とともに田舎に行きます。
- 大衆とともに敵に抵抗します。
- 夫とともに幸せな人生を歩んできました。

II. 词语注解

1. 図柄（ずがら）＝（纺织品的）花样，图案。
2. ストップする＝停止，中止。
3. ラッシュ＝（原有说法为「ラッシュ・アワー」）上下班高峰。
4. シンプル＝朴素，单纯。
5. アレルギー＝（医学）变态反应，变应性。
6. とうもろこしの粥（かゆ）＝玉米面粥。
7. ペラペラ＝（外语说得）流利。
8. タイプライター＝打字机。
9. ミュージカル＝歌舞剧。
10. ドレス＝服装，礼服。
11. デザイン＝设计。
12. おどしにたじろぎもしません＝也不畏惧恐吓。
13. スーパー＝无人售货商店，超市。
14. アルバイトをする＝（学生课余）打工。
15. 割（わ）り当（あ）てる＝分配，分摊，分派。
16. 際立（きわだ）つ＝显著，显眼。

III. 课后练习

一、从a.b.c.d.中选出最符合句子意义的惯用词语，将其符号填写在句中的[　]内。

1. 彼女は小学校の先生をする[　]休日にボランティア活動をしています。
   a. とあいまって　　b. に加えて　　c. につき　　d. かたわら
2. 日本料理は、味も[　]、盛り付け方や器など、見た目がきれいです。
   a. かたがた　　b. かたわら　　c. さることながら　　d. がてら
3. お忙しいところすみません。先日のお礼[　]お伺いいたしました。
   a. かたがた　　　　　　　b. とあいまって
   c. はもとより　　　　　　d. はもちろん
4. 散歩[　]写真屋に寄って、フィルムを出してきた。
   a. とあいまって　　b. がてら　　c. に加えて　　d. うえに

5. 日が暮れた［　　］、雪まで降り出した。
    a. うえに　　　　　b. かたわら　　　　　c. とあいまって　d. ついでに
6. 好天気［　　］、今日は人出が多かった。
    a. はもちろん　　　b. とあいまって　　　c. はおろか　　　d. とともに
7. 激しい風［　　］、雨もひどくなってきた。
    a. につき　　　　　b. について　　　　　c. に加えて　　　d. に対して
8. 発見された時、その女の子は住所［　　］名前すら記憶していなかったそうだ。
    a. はおろか　　　　b. とあいまって　　　c. に加えて　　　d. に対して
9. 散歩の［　　］手紙を出してきた。
    a. うえに　　　　　b. もさることながら
    c. とあいまって　　d. ついでに
10. 胃［　　］肺もやられているのが検査で分かった。
    a. かたわら　　　　b. はもとより　　　　c. うえに　　　　d. に加えて
11. 買物に行った［　　］友達の家を訪ねた。
    a. について　　　　b. ついでに　　　　　c. とともに　　　d. につき
12. 年をとる［　　］体が弱ってきた。
    a. とともに　　　　b. ついでに　　　　　c. に加えて　　　d. かたわら
13. ぼくは子どもの送り迎え［　　］、洗濯も料理も家事は何でもやる。
    a. に対して　　　　b. について　　　　　c. ついでに　　　d. はもちろん
14. 一人［　　］百円ずついただきます。
    a. とともに　　　　b. ついでに　　　　　c. について　　　d. に加えて
15. 結果［　　］、その過程も大切だ。
    a. はもとより　　　b. ついでに　　　　　c. に加えて　　　d. かたわら

第三十课　逆接等表现

一、逆接表现
二、让步表现
三、忽视表现

Ⅰ.语法解说

一、逆接表现

【223】～からといって

① **用法**：接用言终止形后。也可以用主要用于口语的「～からって」或主要用于书面语的「～からとて」的表现形式。与否定的表现形式或成分呼应使用。

② **意义**：表示仅仅因为前项的理由不能得出后项的结论。主要用于说话人对某项事物的评论或判断。

③ **译法**："尽管……也……"；"尽管……但是也不……"；"虽说……也未必……"；"虽说……但也未必……"；"虽说……然而也不……"；"不要因为……就……"等。

○ お金があるからといって、そんなに無駄遣いをしてはいけません。
○ 手紙がしばらく来ないからといって、病気だとはかぎりませんよ。
○ いくらおふくろだからといって、ぼくの日記を読むなんて許せない。
○ 子どもだからって、いい加減にあしらってはいけません。
○ 体が弱いからとて、寝てばかりいては駄目だ。

【224】～といえども

① **用法**：接动词终止形、形容词终止形、形容动词词干和体言后。主要用于书面语或郑重的场合。类似意义的表现形式有「～とはいえ」、「～といっても」、「～とはいうものの」等。

② **意义**：表示在前项举出一个极端的例子，在后项说明前项的例子尽管比较特殊，但在某个方面与一般情况并没有什么区别。后项一般为肯定的、积极的内容的叙述。

③ **译法**："虽然……但是……"；"即便……也……"；"即使……也……"；"虽说……可是……"等。
- 彼女は一銭の金といえども無駄にはしません。
- 母は90才といえども、体がかなり丈夫です。
- スポーツマンの山田さんといえども、風邪には勝てなかったらしい。
- 冬山は、ベテランの登山家といえども、遭難する危険があります。

【225】～といっても
① **用法**：接用言终止形或体言后。主要用于书面语。类似意义的表现形式有「～とはいえ」、「～といえども」、「～とはいうものの」等。
② **意义**：表示承认前项的说法，但在后项中却为其做出程度或范围上的限定。即后项是对前项内容的修正或限制。
③ **译法**："虽然……但……"；"虽说……可是也……"；"虽说是……可是也……"；"就说……等。
- 料理ができるといっても、卵焼きぐらいです。
- 香港へ行ったといっても、実際は一日滞在しただけです。
- 私たちの訪ねようとした工場は、学校から一番近いといっても3キロも離れています。
- お酒が好きだといっても、そんなにたくさん飲めません。
- あの人は私の父といっても、実は血がつながっていないのです。

【226】～とおもいきや
① **用法**：接用言终止形、部分助动词终止形或助词「か」的后面。用于书面语。
② **意义**：表示前项原本预想会出现某种情况，结果后项却出现了与之相反或差距很大的结果。
③ **译法**："原以为……可……"；"原以为……不料……"；"意想不到地……"等。
- 今年の夏は猛暑が続くとおもいきや、連日の雨で冷害の心配さえ出てきました。
- 今場所は横綱の優勝間違いなしとおもいきや、二日目に病気で休場することになってしまいました。
- 太郎さんと花子さんは仲のいい夫婦だとおもいきや、突然離婚してまわりを驚かせました。
- 晴れたかとおもいきや、もう雨が降り出す。梅雨の天気は実に変わりやすい。

【227】～ところを
① **用法1**：接动词连体形后。
② **意义1**：表示前项的某种通常的行为或状态被后项的某种意料之外的行为或状态所取代。

③ 译法1："本应该……却……"等。
- 汽車に乗って上海へ行くところを間違えて、天津への汽車に乗ってしまいました。
- 向こうが来るところを逆にこちらから出かけていきました。
- 人々がぐっすり寝込んだところを突然の揺れが襲いました。
- 人が百円で買い求めるところを、彼女は五百円も使ってしまいました。
- 溺れるところを警察に助けられました。

④ 用法2：接用言连体形后。
⑤ 意义2：表示前项某个人正在进行某种行为、动作的时候，或者正处于某种状况的时候，不料出现了后项的某个人的行为、动作，且对其产生了某种影响。
⑥ 译法2："正在……时，……"等。
- よそ見をしているところを先生に見られてしまいました。
- 駅前を歩いているところを警官に呼び止められました。
- お忙しいところを申し訳ありませんが、ちょっとお邪魔いたします。
- 危ないところを助けていただき、お礼の申しようもございません。

【228】〜とはいえ
① 用法：接用言终止形或体言后。
② 意义：表示在承认前项事实的同时，在后项对其进行补充、说明。
③ 译法："虽说……可是……"；"虽然……但是……"等。
- 実験は一応成功したとはいえ、まだまだ努力しなければなりません。
- 祖父は70才になったとはいえ、まだ丈夫で毎日働いています。
- 易しいとはいえ、勉強しなければやはりできません。
- 足が速いとはいえ、一時間6キロ歩くのが関の山だ。
- 春とはいえ、朝夕はまだ寒い。

【229】〜とはいうものの
① 用法：接用言终止形后。后项多为消极、否定的叙述。
② 意义：表示承认前项的事实，但仍然存在着后项的与之不相符甚至相反的情况存在。
③ 译法："虽说……但是……"；"虽然……但是……"等。
- もう春になったとはいうものの、朝晩はまだ寒いです。
- 英語は高校の時に習ったとはいうものの、もうすっかり忘れてしまいました。
- 大学を卒業したとはいうものの、就職先はまだ決まっていません。

二、让步表现

【230】～いかんにかかわらず
① **用法**：接在体言后续格助词「の」的后面。也可以用「～いかんによらず」的表现形式。
② **意义**：表示不管前项事项属于何种情况，后项都将如何。
③ **译法**："不论……都……"；"不管……如何，……"等。
　　○ 理由のいかんにかかわらず、授業に出ないのは欠席扱いとなります。
　　○ 値段のいかんにかかわらず、品さえよければ買うつもりです。
　　○ 親の気持ちのいかんにかかわらず、あの子はテレビゲームに熱中しています。

【231】～にしても
① **用法1**：接用言连体形、部分助动词连体形或体言后。前项不含有疑问词。后项可以是积极的内容，也可以是消极的内容。类似意义的、更口语化的表现形式为「～にしたって」。
② **意义1**：表示以退一步说的态度承认或肯定前项的事项，并在后项叙述与之有出入或相反的内容。
③ **译法1**："即使……也……"；"就算……也……"等。
　　○ 文学を勉強するにしても、大学に入るためには外国語の勉強をしなければなりません。
　　○ 忙しいにしても連絡ぐらいは入れられただろうに。
　　○ たとえ冗談にしても、そんなことは言うべきではない。
　　○ 痩せたいにしても、食事もしないのはよくありません。
　　○ たとえ失敗作であるにしても、十分に人を引き付ける魅力があります。

④ **用法2**：接用言连体形、部分助动词连体形或体言后。前项一般含有疑问词。
⑤ **意义2**：表示不管前项属于何种情况，都要或者都应该像后项那样去做。
⑥ **译法2**："无论……都要……"；"不管……也要……"等。
　　○ いくら貧しいにしても、人から施しは受けたくない。
　　○ どちらの方式を取るにしても、慎重に考えてみなければなりません。
　　○ 誰が行くにしても、君を行かせてはいけないだろう。

⑦ **用法3**：接体言后。
⑧ **意义3**：表示在前项提示某个具有特殊意义的事项或人，在后项叙述其事项或人也会如何。
⑨ **译法3**："作为……也……"等。
　　○ 先生にしても、人間だから、間違えることはあります。

○ 他人の私にしても、その母親の気持ちは理解できます。
○ 歩き方ひとつにしても、きちんと作法に則っています。

【232】～にもかかわらず
① **用法**：接在用言连体形、完了助动词「た」的连体形以及体言的后面。用于书面语。
② **意义**：表示前项与后项属于一种相矛盾的关系。即表示尽管前项是这样一种情况，却仍然出现了后项的那样一种情况。
③ **译法**："虽然……但是……"；"尽管……却……"等。
○ 彼女はたくさん食べるにもかかわらず痩せています。
○ 規則で禁止されているにもかかわらず、彼はバイクで通学しました。
○ あれだけ努力したにもかかわらず、すべて失敗に終わってしまいました。
○ 雨にもかかわらず、花見をする人がおおぜいいました。

【233】～はいざしらず
① **用法**：接体言后。也可以用「～ならいざしらず」或「～たらいざしらず」的表现形式。前项与后项多为意义相对应的词语。
② **意义**：表示不去谈论前项成立与否的可能性，而是着重谈论后项的实际问题。即表示不去谈论前项的事物或人是不是属于这种情况，反正后项是如此。
③ **译法**："不管……，……"；"……姑且不谈，……"等。
○ 昔はいざしらず、今は会社を持つ大実業家です。
○ 両親はいざしらず、私は弟の結婚を許すわけにはいかない。
○ ボールペンはいざしらず、鉛筆一本も持っていないんですって。
○ 小学生ならいざしらず、院生がそんなことも知らないなんて。
○ 暇な時だったらいざしらず、こんなに忙しいときに客に長居されてはたまりません。

【234】～はさておき
① **用法**：接体言后。也可以用「～はさておいて」的表现形式。
② **意义**：表示暂不谈论或搁置前项，先说后项如何。
③ **译法**："……暂且不说，……"；"……姑且不论，……"等。
○ 彼女のことはさておき、あなたの気持ちはどうなんですか。
○ 余談はさておき、本題に入ろう。
○ 責任が誰にあるのかはさておき、今は今後の対策を考えるべきだ。

【235】～はともかくとして
① **用法**：接体言后。也可以用「～はともかく」、「～ならともかく」或「～ならともかくとして」的表现形式。
② **意义**：表示暂不谈论或搁置前项，先说后项如何。

③ 译法："……暂且不说，……"；"……姑且不论，……"等。
  ○ 顔はともかくとして、声が気に入らないわ。
  ○ さて、冗談はともかくとして、本題に入りましょう。
  ○ あのことはともかくとして、これは君が責任を負うべきだ。

三、忽视表现

【236】～にかかわらず
  ① 用法：接用言连体形或体言后。前接词为意义相对或相反的词语。也可以用「～にかかわりなく」的表现形式。
  ② 意义：表示对前项的两个意义相对或相反的事物，不加区别地如后项那样对待。
  ③ 译法："不管……都……"；"无论……，……"等。
  ○ 晴雨にかかわらず、明日はきっと参ります。
  ○ 結果の善し悪しにかかわらず、彼女の努力は評価されるでしょう。
  ○ 親が賛成するかしないかにかかわらず、私はこの仕事に就こうと思います。

【237】～もかまわず
  ① 用法：接体言或用言连体形后续形式名词「の」的后面。也可以用「～にもかまわず」的表现形式。「かまわず」也可以写作「構わず」。
  ② 意义：表示不介意前项的事项如何，或者不把前项事项放在心上，而进行后项的某个动作。
  ③ 译法："不管……，……"等。
  ○ 喜びのあまり、人目もかまわず抱きつきました。
  ○ 人々は雨の中を服が濡れるのもかまわず歩いています。
  ○ 世論から厳しい批判を浴びせられているのにも構わず、その議員は再び立候補しました。

【238】～を問わず
  ① 用法：接体言后。即接在类似"男女"、"内外"、"昼夜"、"大小"等对义词或类似"年龄"、"身份"、"性别"等可供选择或区别对待的词语后。主要用于书面语。也可以用「～は問わず」的表现形式。
  ② 意义：表示后项事项不受前项内容的限制。即表示后项事项的成立与前项事项无关，或者表示后项事项的成立或展开不把前项内容作为问题加以考虑。
  ③ 译法："不管……"；"不论……"；"不拘……"等。
  ○ 新聞広告でやっと「年齢・性別・経験を問わず」という求人を見つけ、面接に出かけました。

○ 私たちは昼夜を問わず作業を続けました。
○ 近頃は男女を問わず大学院に進学する学生が増えています。

【239】〜をものともせずに

① **用法**：接体言后。用于书面语。也可以用「〜をものともせず、〜。」的表现形式。

② **意义**：表示不把前项的某种不利的条件当成一回事，而进行后项的行为或动作。后项一般为积极的行为或好的结果。

③ **译法**："无视……"；"不把……放在眼里"；"不理睬……"；"不顾……"；"不怕……"等。

○ 彼らは暴風雨をものともせずに出発しました。
○ 登山隊員は強風をものともせず、頂上を目指して一歩一歩登っていきました。
○ 人々の批判をものともせずに、彼は自分の信念を貫き通しました。
○ 彼女も不自由な体をものともせずにやってきました。

【240】〜をよそに

① **用法**：接在表示人的某种情感或评论的名词后面。

② **意义**：表示某个人无视或不理睬他人的某种情感或评论，而进行某种行为或动作。或者表示后项事项的成立不受前项事项的影响。

③ **译法**："无视……"；"不顾……"等。

○ あの子は親の心配をよそに毎晩遅くまで遊んでいます。
○ 人々の不満をよそに、再び増税が計画されました。
○ 弟は父と母の期待をよそに、大学には入らずにアルバイト生活を始めました。
○ 政府は農民の反対をよそに、米の輸入自由化を決定しました。
○ 人々の不安をよそに、火山の爆発は繰り返されました。

II．词语注解

1. おふくろ＝（俗称的"母亲"）老娘。
2. 血がつながっていない＝没有血缘关系。
3. 就職先（しゅうしょくさき）＝（「先」此处为"去处"之意）工作单位。
4. 欠席扱（けっせきあつか）いとなる＝以旷课论处。
5. （……に）則（のっと）る＝效法，遵照（规则）。
6. バイク＝自行车。
7. 善（よ）し悪（あ）し＝善恶，好坏，是非。
8. 人目もかまわず＝也不避人眼目地就……，当着人的面就……。

第三十课　逆接等表现

III. 课后练习

一、从a.b.c.d.中选出最符合句子意义的惯用词语，将其符号填写在句中的[　]内。

1. 日本で生活した[　　]日本語がうまくなるとは限りません。
   a. ところを　　　　　　　b. のもかかわらず
   c. を問わず　　　　　　　d. からといって

2. 日本人だ[　　]、毎日日本料理ばかり食べているわけではない。
   a. からといって　　b. ところを　　c. とおもいきや　　d. を問わず

3. 梅雨時[　　]、ときどき思い出したように晴れることがあります。
   a. からといって　　　　　b. ところを
   c. とおもいきや　　　　　d. といっても

4. 平仮名[　　]、片仮名や漢字も覚えなければならないとなると、大変だ。
   a. にしても　　　　　　　b. はともかく
   c. はいざしらず　　　　　d. もかまわず

5. よく勉強した[　　]、試験の点が悪かった。
   a. はいざしらず　　　　　b. のもかかわらず
   c. にもかかわらず　　　　d. もかまわず

6. 早く結婚したい。結婚する[　　]、相手がいなければ、結婚できない。
   a. にしても　　　　　　　b. はともかく
   c. はいざしらず　　　　　d. もかまわず

7. その薬を食後に飲む[　　]、間違えて食前に飲んでしまった。
   a. といっても　　　　　　b. ところを
   c. からといって　　　　　d. とおもいきや

8. 細かい点[　　]、大筋から決めてしまおう。
   a. とはいうものの　　　　b. はさておき
   c. にかかわらず　　　　　d. からといって

9. 彼は負傷[　　]引き続き戦った。
   a. にしても　　b. をよそに　　c. をものともせずに　　d. とはいえ

10. 冗談[　　]話を本題に戻そう。
    a. とはいうものの　　　　b. はさておいて
    c. にかかわらず　　　　　d. からといって

11. うちの会社の女の人たちはよく仕事[　　]しゃべる。
    a. をよそにして　　　　　b. をものともせずに
    c. にかかわらず　　　　　d. とはいえ

12. 意欲のある人なら、学歴や年齢[　　]採用する。
    a. をとわず　　b. をよそに　　c. はともかく　　d. はいざしらず

13. 他の人[　　]、ぼくはそんなことを信じない。
    a. にしても　　　　　　　b. をものともせず
    c. はいざしらず　　　　　d. もかまわず

14. 海外旅行［　　］、留学となると、準備が大変だ。
    a. をとわず　　　　　　　　b. はともかく
    c. にかかわらず　　　　　　d. もかまわず
15. デパートは何でも売っている。洋服、食べ物［　　］食器、家具、さらには家や車まで売っている。
    a. にしても　　　　　　　　b. をものともせず
    c. はいざしらず　　　　　　d. はもちろん
16. 三年も中国に住んでいる［　　］、まだ中国の生活に慣れない。
    a. いかんにかかわらず　　　b. のもかかわらず
    c. にもかかわらず　　　　　d. もかまわず
17. コンピューターが発達した［　　］、人間なしには世の中はうごかない。
    a. からといって　　　　　　b. のもかかわらず
    c. いかんにかかわらず　　　d. ところを
18. 日本に住んでいる［　　］、日本語が上手だとは限りません。
    a. とおもいきや　　　　　　b. のもかかわらず
    c. いかんにかかわらず　　　d. からといって

第三十一课　可能等表现

一、可能表现
二、难易表现
三、结局表现

Ⅰ.语法解说

一、可能表现

【241】～う（よう）にも～ない

① **用法**：用"动词未然形＋う（よう）にも＋同一动词可能态的未然形＋ない"的表现形式。也可以用"动词未然形＋う（よう）にも＋同一动词连用形＋ようがない"的表现形式。

② **意义**：表示由于某种客观原因，某个或某些人的某种愿望无法实现。

③ **译法**："想要……也无法……"；"想要……也不能……"等。

○ こんなに土が固くては、掘ろうにも掘れません。
○ お客さんが来ることになっているので、出かけようにも出かけられません。
○ 頭が痛くて、起きようにも起きられません。
○ 雨が降っているので、外で遊ぼうにも遊べません。
○ 風が強すぎて、走ろうにも走れません。

【242】～うる

① **用法**：接动词连用形后。多接非意志性动词的连用形后。可以写作「得る」，但简体肯定的连体形和终止形读作「うる」，后续助动词「ます」、「ない」、「た」时则用「える」的活用变化。「うる」和「える」主要用于书面语，但「える」有的用法也常用于口语。

② **意义**：表示有无出现某种情况的可能性，或者表示客观条件决定能否进行某种行为或动作。与可能助动词「れる」、「られる」不同，一般不能用来表示人的某种能力。

③ **译法**："能够……"；"可以……"等。

○ 彼女を措いてはこれをなしうる者がない。

○ 確かに外国人労働者が増えればそういう問題も起こり<u>うる</u>だろう。
○ 実行し<u>え</u>ない計画は立てても無駄である。
○ 彼が失敗するなんてあり<u>え</u>ない。
○ それは彼になし<u>え</u>た最大限の努力だったに違いない。

【243】～にたえない

① 用法1：接动词连体形后。主要接在诸如「見る」、「聞く」、「読む」等与人的视听等有关的动词的连体形后。
② 意义1：表示不堪如何，难以如何。
③ 译法1："不堪……"；"不忍……"等。
○ 大の男のこぼすぐらいは、聞く<u>にたえません</u>。
○ 中には読む<u>にたえない</u>ものもあるので、良い本を選ぶことが大事です。
○ 幼い子どもが朝から晩まで通りで物乞いをしている姿は見る<u>にたえない</u>。

④ 用法2：接体言后。主要接在诸如「感激」、「感」、「感謝」、「悲しみ」、「同情」等与人的感情有关的名词后。
⑤ 意义2：表示对前接词的程度的强调。
⑥ 译法2："非常……"；"不胜……"；"深感……"等。
○ このようなお言葉をいただき、感謝<u>に堪えません</u>。
○ 初優勝は感<u>に堪えなかった</u>のだろう、選手たちの目から涙があふれていました。
○ 飢餓が蔓延するこの国の惨状を見るにつけ、隣国の一人として同情<u>に堪えない</u>。

【244】～わけにはいかない

① 用法：接动词连体形后。
② 意义：表示从一般常识、道德、情理、经验等方面来看，不应该或不可能做某件事情。不能用来表示人为的不允许或者某个人没有做某种事的能力。
③ 译法："不能……"等。
○ 科学や技術の発達は望ましいことだが、だからといって、自然を破壊するのを許す<u>わけにはいかない</u>。
○ カラオケに誘われたが、明日から試験なので行く<u>わけにはいかない</u>。
○ いくらお金をもらっても、お宅の娘さんを不正に入学させる<u>わけにはいきません</u>。

二、难易表现

【245】～がたい

① **用法**：接动词连用形后。多接在与人的认知、心理以及语言活动等意义相关的动词的连用形后，如：「想像しがたい」、「予測しがたい」、「認めがたい」、「信じがたい」、「許しがたい」、「理解しがたい」、「受け入れがたい」、「賛成しがたい」、「忘れがたい」以及「言いがたい」、「表しがたい」等。另外，还可以构成惯用的说法，如：「動かしがたい」等。多用于书面语。

② **意义**：表示进行某种行为动作时的难度非常大，几乎不可能。有即使想那样做也非常难实现的含义。一般不用来表示人的能力不足。

③ **译法**："难以……"；"难……"等。
○ そのような要求はとても受け入れがたい。
○ あんなに体の丈夫な山田さんが亡くなったなどとは信じがたいことです。
○ あいつの言うことは何の根拠もないし常識はずれで、とうてい理解しがたい。
○ それは動かしがたい事実である。
○ この度の体験は忘れがたいものだ。

【246】～かねる

① **用法**：接动词连用形后。只接在意志性动词的连用形。语气较委婉，多用于婉言谢绝等场合。

② **意义**：表示由于某种主观原因，本来能做到的事而不能做或没好意思做。或者表示由于某种原因，客观上难以做到某事。

③ **译法**："难以……"；"很难……"；"不能……"等。
○ クラブを解散するというさみの意見には、部員として賛成しかねるよ。
○ 残念ながら、そのご提案はお受けいたしかねます。
○ その話は持ち出しかねます。
○ そんなにたくさんでは食べかねます。
○ 忙しくてお手伝いしかねます。
○ 母の帰りを待ちかねて、子どもたちは先に寝てしまいました。

【247】～づらい

① **用法**：接动词连用形后。只接意志性动词的连用形后。

② **意义**：表示由于某种生理或者客观上的原因，而引起肉体或精神上的某种不良感觉。

③ **译法**："不便……"；"难……"等。

○ 足に豆ができて歩きづらいです。
○ 歯が痛くて食べづらいです。
○ 喉が腫れているので、話しづらいです。
○ 声が小さくて聞きづらいです。
○ まったく住みづらい世の中だねえ。

【248】～にくい

① **用法**：接动词连用形后。既可以接意志性动词的连用形后，也可以接非意志性动词的连用形后。

② **意义**：接意志性动词的连用形后时，表示由于某种客观的原因，人的某种行为、动作难以进行；接非意志性动词的连用形后时，表示由于某种客观原因而难以产生某种现象，或者表示由于某种客观原因而难以起到某种作用。

③ **译法**："难以……"；"不容易……"；"不好……"等。
○ 砂利道はハイヒールでは歩きにくい。
○ 歯が悪くて硬いものは食べにくい。
○ この文章は漢字が多すぎて読みにくい。
○ このペンは軸が太くて書きにくい。
○ あの人の話は発音が不明瞭で分かりにくい。
○ この薪は湿っているから燃えにくい。

【249】～にかたくない

① **用法**：接体言或动词连体形后。主要接「想像（する）」、「理解（する）」等词语后。

② **意义**：表示不难如何，很容易如何。

③ **译法**："不难……"等。
○ 洪水で家族を失った彼女の悲しみは想像に難くない。
○ 父と母が私の変わりようを見て、どんなに驚いたか想像するにかたくありません。
○ なぜ彼女が自殺したのか、事件の前後の事情をよく聞いてみれば理解にかたくない。
○ ぼくは親友として、今の彼の気持ちを察するにかたくない。

【250】～にたりない

① **用法**：接动词连体形后。也可以用书面语的「～に足らない」的表现形式。

② **意义**：表示没有前接词那么高的价值，或者表示没有达到前接词的那种程度。

③ **译法**："不值得……"；"不足以……"等。
○ あの人は信頼するに足りない人物だ。
○ 彼女の言っていることは取るに足りないことばかりです。
○ そんなことは驚くに足りない。

第三十一课　可能等表现

【251】～にたる

① **用法**：接动词连体形或体言后。主要接「尊敬（する）」、「信頼（する）」、「称賛（する）」、「研究（する）」、「報道（する）」、「語る」、「（耳を）傾ける」等部分动词的连体形或体言后。用于书面语，口语用「～に足りる」的表现形式。

② **意义**：表示有足够的前接词那样的价值。

③ **译法**："值得……"；"满可以……"；"足以……"等。
　○ これは果たしてわざわざ議論するに足る問題だろうか。
　○ あの人は信頼するに足る人物だ。
　○ すべてが眠ったような平和な島では、報道するに足るニュースなど何もなかった。
　○ 危険を顧みず乗客の生命を救った彼の行為は、称賛に足るものだ。
　○ この資料は参考とするに足ります。

【252】～ようがない

① **用法**：接动词连用形后。也可以用「～ようもない」的表现形式。多用于书面语。

② **意义**：表示想做某事但没有办法做到。

③ **译法**："无法……"；"无从……"等。
　○ こんなにめちゃくちゃになっては、数えようがない。
　○ こんなにひどく壊れていては、直しようがない。
　○ ここまで来てしまったからには、もう戻りようがない。

三、结局表现

【253】～ことになる

① **用法**：接动词连体形或否定助动词「ない」的连体形后。也可以用「～こととなる」的表现形式。另外，还可以用「名词、动词终止形、否定助动词ない＋ということになる」的表现形式。「なる」可以有过去时等词尾变化。

② **意义**：表示事态的自然发展趋势。即表示客观上产生某种结果或者定论。

③ **译法**："就会……"；"该……"；"将要……"等。
　○ 学校で六時間、家で二時間、全部で八時間勉強することになる。
　○ あの道を行ったら、もとのところへ逆戻りすることになるよ。
　○ 今度北海道支社に行くことになった。
　○ 亡くなった山田さんは形式ばったことが嫌いな人だったから、葬式などはしないことになりそうだね。
　○ よく話し合った結果、やはり離婚ということになった。

【254】～次第だ
①用法1：接名词后。
②意义1：表示某种行为动作的实现要根据前接词的情况如何而定。
③译法1："……要看……如何"；"……要由……而定"等。
　　○ すべてはきみの決心次第だ。
　　○ 行くか行かないかは、きみ次第だ。
　　○ 成功するかどうかは、あなたの努力次第です。
　　○ 作物の出来具合はこの夏の天気次第だ。

④用法2：接动词连体形、完了助动词「た」的连体形、部分形容词的连体形以及「ような」的后面。用于书信等书面语。
⑤意义2：表示说明某个事项之所以成立的原委、理由等。
⑥译法2："是因为……"；"是……缘由……"；"是……情形……"等。
　　○「君は名古屋には寄らなかったんだね。」「はい、社長からすぐ帰れという連絡が入りまして急いで帰ってきた次第です。」
　　○ とりあえずお知らせした次第です。
　　○ 今回の失礼に対し、深くお詫びする次第です。
　　○ こんなことになってしまい、まったくお恥ずかしい次第です。
　　○ 事件のあらましは、以上のような次第です。

【255】～しまつだ
①用法：接动词连体形后。
②意义：表示由于某种情况或者某种行为的产生，最终导致了某种令人窘迫或者不好的局面出现。前面叙述过程或缘由，后面叙述结局。
③译法："最后竟然……"等。
　　○ 一度相談にのってあげただけなのに、彼はあなただけが頼りだと言って、真夜中にでも電話をかけてくる始末だった。
　　○ 静かだった湖も、恐竜のうわさが広まり、とうとう周りには見物客相手の店さえ建つという始末だった。
　　○ 息子は大学の勉強は何の役にも立たないと言ってアルバイトに精を出し、この頃は中退して働きたいなどと言い出す始末だ。

【256】～ところだった
①用法：接动词连体形后。
②意义：表示险些造成某种不良的后果。
③译法："差一点儿……"；"险些……"等。
　　○ もし気が付くのが遅かったら、大惨事になるところだった。
　　○ 君が一言言ってくれたんで助かったよ、もう少しで忘れるところだったからね。
　　○ 朝寝坊をして、危うく飛行機に乗り遅れるところだった。

第三十一课　可能等表现

【257】～に至る
① **用法**：接动词连体形或体言后。用于书面语。
② **意义**：表示某个事物或某种情形最终达到或未达到某种程度或者某个阶段等。
③ **译法**："达到……"；"以至……"等。
　○ さんざん悩んだ結果、仕事を辞めて田舎で自給自足の生活をするという結論に至った。
　○ うちの会社は成長を続け、全国各地にまで支店を出すに至った。
　○ 展覧会に出品する絵がまだ完成するに至らない時、彼女は重い病気に罹ってしまった。

【258】～わけだ
① **用法**：接用言连体形后。也可以采用"体言＋である／な＋わけだ"的表现形式。
② **意义**：表示根据事物的某种发展趋势、现实的某种状况以及某个事实等，推断出某种与之相应的结果或者得出某种必然的结论。其特点是侧重说明根据部分。也可以用来表示等同关系或说明原因理由。
③ **译法**："当然……"；"怪不得……"等。
　○ 蟻たちはにおいをたどって、えさと巣の間を行ったり来たりするので、行列ができるというわけだ。
　○ 彼は日本に十年間も滞在したので、日本の事情にかなり詳しいわけだ。
　○ 体重を測ったら50キロになっていた。先月は45キロだったから、一ヶ月間で5キロも太ってしまったわけだ。
　○ 彼の父親は私の母の弟だ。つまり彼と私はいとこ同士なわけだ。
　○ あのおばあさんは猫を五匹と犬を二匹飼っている。一人暮らしで寂しいわけだ。

Ⅱ. 词语注解

1. を措（お）いては＝除……以外再没有……。（与否定形式呼应。）
2. 感（かん）に堪（た）えなかった＝不胜感慨。
3. ハイヒール＝高跟鞋。
4. めちゃくちゃ＝乱七八糟。
5. 危（あや）うく＝差一点儿……，险些……。
6. 病気に罹（かか）る＝得病。

III.课后练习

一、从a.b.c.d.中选出最符合句子意义的惯用词语，将其符号填写在句中的[ ]内。

1. 彼は10年前に賞をもらいましたが、今年再び賞をもらう[　]。
   a. ところだった　　　　　　b. わけにはいかない
   c. ことになりました　　　　d. しまつだ

2. この品物は質、量ともに申し分ない。それだけに高い[　]。
   a. わけだ　　　　　　　　　b. わけにはいかない
   c. ことになりました　　　　d. しまつだ

3. 最近の週刊誌は暴露記事が多く、読む[　]。
   a. ようがない　　　　　　　b. にたえない
   c. にかたくない　　　　　　d. がたい

4. 風邪を引いたが、今日はテストがあるので、学校を休む[　]。
   a. わけだ　　　　　　　　　b. わけにはいかない
   c. ことになりました　　　　d. しまつだ

5. 信じ[　]ことだが本当なのだ。
   a. にたえない　　　　　　　b. わけにはいかない
   c. がたい　　　　　　　　　d. うる

6. ご意見には賛成し[　]。
   a. かねます　　　　　　　　b. わけにはいかない
   c. にかたくない　　　　　　d. にたる

7. その音楽の素晴らしさは、とても言葉で表し[　]ものではない。
   a. うる　　　　　　　　　　b. づらい
   c. にくい　　　　　　　　　d. かねる

8. 口にできものがあって食べ[　]。
   a. 次第だ　　　　　　　　　b. わけにはいかない
   c. づらい　　　　　　　　　d. にたえない

9. あの人の話は発音が不明瞭で分かり[　]。
   a. にたりない　　　　　　　b. にくい
   c. にたえない　　　　　　　d. にかたくない

10. あんなものは恐れる[　]。
    a. にたりない　　　　　　　b. にかたくない
    c. わけにはいかない　　　　d. しまつだ

11. なぜ彼があのような行動に走ったのか、事件の前後の事情をよく聞いてみれば理解[　]。
    a. がたい　　　　　　　　　b. にかたくない
    c. にくい　　　　　　　　　d. づらい

12. あの二人の関係はもう修復し［　　］。
    a. づらい　　　　　　　　　b. うる
    c. ようがない　　　　　　　d. にたえない
13. 何事も人［　　］。
    a. 次第だ　　　b. わけだ　　　　　c. に至る　　　　d. しまつだ
14. 手が痛くて、箸も持てない［　　］。
    a. にたえない　b. 次第だ　　　　　c. ことになる　　d. しまつだ
15. あっ、君に大事な話があるのを思い出した。うっかり忘れる［　　］。
    a. 次第だ　　　b. ことになる　　　c. ところだった　d. わけだ
16. 十年以上も日本にいるのですから、日本語がうまい［　　］。
    a. わけです　　b. わけにはいかない　c. ことになりました　d. しまつだ

第三十二课　样态等表现

一、样态表现
二、倾向表现
三、经过表现
四、经验表现

Ⅰ.语法解说

一、样态表现

【259】～かのように
① **用法**：接用言终止形后，构成连用修饰。也可以用「～かのような」的表现形式构成连体修饰。另外，还可以用「～かのようだ」的表现形式直接结束句子。
② **意义**：表示凭感觉对某种情景做出比喻。
③ **译法**："像……一样"等。
○ 彼はあらかじめ知っていた<u>かのように</u>、平然としていました。
○ 犯人は事件のことを初めて聞いた<u>かのような</u>態度を取りました。
○ 三月になってもまだこんなに寒いなんて、まるで真冬に戻った<u>かのようです</u>。

【260】～げ
① **用法**：接动词连用形、形容词及形容动词词干后，构成形容动词。主要是用「～げに」的表现形式构成连用修饰，用「～げな」的表现形式构成连体修饰。
② **意义**：表示从外部观察而感觉到的呈现在某个人身上的某种样态或情形。
③ **译法**："好像……似地……"等。可以不译出，需要根据具体内容灵活处理。
○ 彼女は意味あり<u>げ</u>に私をちょっと見ました。
○ 兄は退屈<u>げ</u>に雑誌のページをめくっています。
○ 彼女の笑顔にはどこか寂し<u>げ</u>なところがありました。

第三十二课　样态等表现

【261】～とばかり

① **用法**：接在体言或简体句子的后面。用「～とばかり」或「～とばかりに」的形式构成连用修饰，用「～とばかりの」的形式构成连体修饰，用「～とばかりだ」的形式直接结束句子。另外，还可以采用「动词未然形＋んばかり」或「～と言わんばかり」的表现形式。

② **意义**：表示虽未说出，但从表情或动作上已经表现出如何。

③ **译法**："显出……（的神色）"；"以为……（是个机会）"；"似乎认为……"等。

　○ 今がチャンスとばかり、チャンピオンは猛烈な攻撃を開始しました。
　○ 横綱の千代の富士はいつでもかかってこいとばかりに身構えました。
　○ そんな問題は簡単だとばかりに、たちまちのうちに解いてしまった。
　○ 彼女は涙も出んばかりの悲しい表情になっていました。
　○ お前は黙っていろと言わんばかりに、父は私をにらみつけました。

【262】～ともなく

① **用法**：接动词终止形后，构成连用修饰。也可以用「～ともなしに」的表现形式构成连用修饰。前后一般为同一或同类动词。

② **意义**：表示下意识地做出某种动作。

③ **译法**："不知不觉地……"；"无意中……"；"并非有意地……"等。

　○ 見るともなく見ると、窓際に誰かが立っているのです。
　○ 彼女はどこを眺めるともなく、ぼんやり遠くを見つめています。
　○ おばあさんは誰に言うともなく「もう秋か」とつぶやきました。

二、倾向表现

【263】～がち

① **用法**：「がち」是结尾词，接动词连用形或体言后。用「～がちに」或「～がちで」的形式构成连用修饰，用「～がちな」或「～がちの」的形式构成连体修饰。常用「～がちだ」的形式结束句子。

② **意义**：表示容易出现或重复某种不良倾向，或者表示出现某种消极情况的可能性较大。

③ **译法**："常常……"；"动辄……"；"往往……"等。

　○「よかったら家まで車で送ってもらえないでしょうか」と、彼女は遠慮がちに訪ねた。
　○ 彼女に電話すると、どうしても長話になりがちで、いつも父親に文句を言われます。
　○ 甘いものはついつい食べ過ぎてしまいがちなので、ダイエット中は気

をつけましょう。
○ 昨日、病気がちの友達を見舞いに行きました。
○ この頃は雨が降りがちです。
○ あの電車はよく延着しがちです。

【264】～ぎみ

① **用法**：「気味」是结尾词，接动词连用形或体言后。用「～ぎみに」或「～ぎみで」的形式构成连用修饰，用「～ぎみな」或「～ぎみの」的形式构成连体修饰。常用「～ぎみだ」的形式结束句子。

② **意义**：表示主观判断略带有某种不好的倾向。

③ **译法**："有点儿……"；"稍微有点儿……"等。
○ 私の腕時計は遅れぎみになりました。
○ ちょっと風邪ぎみで、頭が重い。
○ 今日はちょっと風邪ぎみなので、早めに帰りたいです。
○ 彼女は焦りぎみです。
○ 彼はすこし緊張ぎみでした。

【265】～きらいがある

① **用法**：接在动词连体形或体言后续格助词「の」的后面。用于书面语。

② **意义**：表示具有某种消极的倾向，或者表示容易造成某种消极的倾向。

③ **译法**："有点儿……"；"有……之嫌"等。
○ あの国は、元軍人が首相になってから、独裁政治のきらいがある。
○ あの政治家は有能だが、やや独断専行のきらいがある。
○ 私たちは、能率主義の中で便利なものに価値をおきすぎるきらいがある。
○ あの先生の講義は面白いのだが、いつの間にか自慢話に変わってしまうきらいがある。

【266】～ずくめ

① **用法**：「ずくめ」是结尾词，接在名词的后面。用「～ずくめで」的形式构成中顿，用「～ずくめの」的形式构成连体修饰，用「～ずくめだ」的形式结束句子。多用于惯用搭配。

② **意义**：表示全都是前接词的内容。即表示全都是某种颜色、东西、事物等。

③ **译法**："清一色……"；"全都是……"；"尽是……"等。
○ 毎日毎日残業ずくめで、このままだと自分が擦り減っていきそうです。
○ あの女の人はいつも黒ずくめのかっこうをしています。
○ この頃なぜかいいことずくめです。

第三十二课　样态等表现

【267】～だらけ
① **用法**：「だらけ」是结尾词，接体言后。用「～だらけの」的形式构成连体修饰，或用「～だらけだ」的形式结束句子。另外，还常用「～だらけになる」的形式。
② **意义**：表示像前接词那样的附着物过多或数量过多。有感觉不好、不希望如此的含义。
③ **译法**："满是……"；"全是……"等。
　○ 弟は泥だらけの足で部屋に入ってきた。
　○ あの人は借金だらけだ。
　○ 兄の部屋は本だらけだ。
　○ 弟は喧嘩でもしたか、傷だらけになって帰ってきました。
　○ 暖房が壊れたので、家中が水だらけになってしまいました。

【268】～っぽい
① **用法**：「ぽい」是结尾词，以「っぽい」的形式接在部分动词连用形、形容词词干、形容动词词干以及名词的后面，构成形容词。
② **意义**：表示前接词的意义特点或倾向比较明显。带有否定评价的含义。
③ **译法**：需要灵活翻译。
　○ 物事に飽きっぽいと大きな仕事はできません。
　○ あの人は忘れっぽくて困ります。
　○ 山田さんはいつも白っぽい服を着ています。
　○ この牛乳は水っぽくてまずいよ。

【269】～まみれ
① **用法**：「まみれ」是结尾词，接动词连用形或体言后。用「～まみれの」的形式构成连体修饰，用「～まみれだ」的形式结束句子。另外，还常用「～まみれになる」的形式。与「だらけ」等结尾词不同，不能接在「傷」、「間違い」、「皺（しわ）」等词语后面。
② **意义**：表示某个人的身体或某个物体的表面沾满了令人不快的某种液体或脏东西。
③ **译法**："沾满……"等。
　○ 犯行現場には血まみれのナイフが残されていました。
　○ 子どもたちは汗まみれになっても気にせずに遊んでいます。
　○ 彼らはみんな全身泥まみれです。

【270】～めく
① **用法**：「めく」是结尾词，接部分名词后。属于动词型词尾活用变化。
② **意义**：表示具有前接词所表示的意义要素。即表示有前接词那种样子或征兆。
③ **译法**："有……的气息"；"像……样子"等。

○ 一雨ごとに春めく。
○ その辺りは田舎めいている。
○ 彼の言葉にはいささか皮肉めいた点がある。
○ どことなく謎めいた女性がホールの入り口に立っていました。

三、经过表现

【271】～あげく

① **用法**：接动词连用形后续完了助动词「た」或体言后续格助词「の」的后面。用「～あげく」或「～あげくに」的形式构成连用修饰，用「～あげくの」的形式构成连体修饰。

② **意义**：表示在前项的某种状态持续了相当长的一段时间后，最终导致了后项的某种结果的出现。多用于消极或令人感到麻烦的结果的叙述。

③ **译法**："最终……"；"最后……"；"……的结果，……"等。
○ 口論のあげく、つかみあいになった。
○ 彼は長い苦労のあげく、とうとう死んでしまった。
○ 考えに考えたあげくに、車を売ることに決めた。
○ それは、好きでもない上司のご機嫌を取ったり、家族に当たり散らしたりの大騒ぎをしたあげくの昇進でした。

【272】～すえ

① **用法**：接动词连用形后续完了助动词「た」或动名词后续格助词「の」的后面。用「～すえ」或「～すえに」的形式构成连用修饰，用「～すえの」的形式构成连体修饰。用于书面语。

② **意义**：表示经过前项的诸多努力后，最终取得了后项的结果。

③ **译法**："……之后，……"；"最后……"等。
○ あれこれ議論のすえ、今度の体育大会には、クラス全員が参加することに決まった。
○ 苦心のすえに、ようやく、実験は成功した。
○ 僕らの野球チームは、決勝で延長戦のすえ惜しくも敗れてしまった。
○ 長時間の協議のすえに、やっと結論が出た。
○ これはよく考えたすえに決めたことです。

【273】～っぱなし

① **用法1**：接动词连用形后。用「～っぱなしにして」或「～っぱなしで」的形式构成连用修饰，用「～っぱなしだ」的形式结束句子。

② **意义1**：表示置之不理，放任不管。

③ **译法1**：需酌情翻译。
○ しまった。窓を開けっぱなしで出てきてしまった。

第三十二课　样态等表现

○ 彼は電灯をつけっぱなしにして出かけてしまった。
○ うちの子ときたら、食べたら食べっぱなし、服は脱いだら脱ぎっぱなしで、家の中がちっとも片付かない。

④ **用法2**：接动词连用形后。用「～っぱなしだ」、「～っぱなしだった」的形式结束句子。
⑤ **意义2**：表示某种行为、动作或状态的持续。
⑥ **译法2**：需酌情翻译。
○ うちのチームはここの所ずっと負けっぱなしだ。
○ バスはとても混んでいて、学校から駅まで立ちっぱなしだった。

【274】〜ところ
① **用法**：接动词连用形后续完了助动词「た」的后面。后项为与期望的内容相反时也用「〜たところが」的表现形式。
② **意义**：表示前项是后项的起因。即表示在做前项的某个动作的时候，偶然产生或发现了后项的结果。
③ **译法**：需要酌情翻译。
○ ホテルに電話したところ、そのような名前の人は泊まっていないそうだ。
○ やってみたところ、意外に易しかった。
○ 山田さんを訪ねたところ、留守でした。
○ 教室に行ってみたところが、学生は一人も来ていなかった。

【275】〜に至っては
① **用法**：接动词连体形或体言后。一般与否定的形式呼应使用。
② **意义**：表示某个事项达到了前项的这个阶段后项会如何，或者表示事态发展到了前项的这种状态后项会如何。后项多为不好的、消极的内容。
③ **译法**："至于……"，"……到……"等。
○ 父も母も私の転職に大反対し、姉にいたっては、そんなことより早く結婚しろと言い出す始末だった。
○ 事ここにいたっては、断固たる措置を取らないわけにはいかない。
○ 日本の地名の読み方にいたっては、日本人でさえこれを正確に読むことはできないのだ。

四、经验表现

【276】〜たことがある
① **用法**：接动词连用形后。
② **意义**：表示曾经有过某种经历。

③ **译法**："曾经……过"等。
　　○ 私も日本に行ったことがある。
　　○ 私は日本の富士山に登ったことがある。

【277】～たものだ
　① **用法**：接动词连用形后。常与副词「よく」呼应使用。口语也常用「もんだ」、「もんです」的表现形式。
　② **意义**：表示以感慨的语气回想过去的某种习惯性行为。
　③ **译法**："（……时，）总……"；"（那时）经常……"等。
　　○ 小さい時は、よく木登りをしたものだ。
　　○ 子どもの時はよくここへ来て遊んだものだ。
　　○ 学生のころはよくサッカーをやったものだ。

II. 词语注解

1. チャンピオン＝好汉，勇士，冠军，优胜者。
2. ダイエット＝减肥。
3. ホール＝大厅。
4. つかみあう＝扭打，揪打。

III. 课后练习

一、从a.b.c.d.中选出最符合句子意义的惯用词语，将其符号填写在句中的[　　]内。
1. いろいろ聞かれて困った[　　]、見え透いた嘘をついてしまった。
　　a. あげく　　　　　b. に至っては　　　　c. かのように　　d. とばかり
2. 歌舞伎町なんてところは行った[　　]。
　　a. きらいがある　　　b. ことがない　　　　c. あげく　　　　d. すえ
3. ビタミンが不足すると、とかく病気になり[　　]だ。
　　a. げ　　　　　　　b. ぎみ　　　　　　　c. がち　　　　　　d. っぽい
4. 私は子どものころ、よく水泳をした[　　]。
　　a. きらいがある　　　b. ことがある　　　　c. ことがない　　d. ものだ
5. ぼくは朝食を食べずに仕事に出た[　　]。
　　a. きらいがある　　　b. ことがある　　　　c. かのように　　d. すえ
6. 本当は見たこともないのに、如何にも自分の目で見てきた[　　]話す。
　　a. あげく　　　　　b. ところ　　　　　　c. かのように　　d. ともなく
7. みんな楽し[　　]歌を歌っている。
　　a. げに　　　　　　b. がち　　　　　　　c. ぎみ　　　　　　d. っぽい

第三十二课　様態等表現

8. 学生時代には酔いつぶれた [　　]。
    a. かのように　　　b. ことがない　　　c. あげく　　　d. ところ
9. 彼女は、遠くから私を見つけて、なつかし [　　] 手を振ってやってきた。
    a. っぽい　　　b. ぎみ　　　c. がち　　　d. げ
10. サラリーマンはとかく運動不足になり [　　] だ。
    a. っぽい　　　b. ぎみ　　　c. がち　　　d. げ
11. 彼女は、もう二度と来るな [　　] 私の目の前でピシャッと戸を閉めた。
    a. とばかりに　　　b. っぱなし　　　c. ともなく　　　d. っぽい
12. ぼくは、何を考える [　　]、一日中物思いにふけっていた。
    a. とばかりに　　　b. っぱなし　　　c. ともなく　　　d. っぽい
13. 最近の学生は自分で調べず、すぐ教師に頼る [　　]。
    a. ことがない　　　b. きらいがある　　　c. っぽい　　　d. とばかり
14. 私は小さい時よく病気をした [　　]。
    a. きらいがある　　　b. ことがある　　　c. ことがない　　　d. ものだ
15. 彼女は上から下まで黒 [　　] の服装をしている。
    a. ずくめ　　　b. まみれ　　　c. っぽい　　　d. めく
16. 私も、中学生のころ、この博物館を利用した [　　]。
    a. ものだ　　　b. きらいがある
    c. ことがない　　　d. ことがある
17. いろいろ考えた [　　]、彼女と結婚することにした。
    a. かのように　　　b. すえに　　　c. ずくめ　　　d. ともなく
18. 汽車はとても混んでいて、上海から北京まで立ち [　　] だった。
    a. っぱなし　　　b. っぽい　　　c. ずくめ　　　d. ところ

第三十三课　否定等表现

　　一、否定表现
　　二、部分否定表现
　　三、禁止表现

Ⅰ. 语法解说

一、否定表现

【278】～ことなく
　①**用法**：接动词连体形后，构成连用修饰。也可以用「～こともなく」的表现形式。
　②**意义**：表示本来有可能做的事却没有做，或者表示本来有可能出现的情况却没有出现。一般用于书面语。
　③**译法**："不……就……"等。
　　○ 彼女は振り返ることもなく行ってしまった。
　　○ 彼は少しもためらうことなく、その仕事を引き受けた。
　　○ ひどい雪だったが、列車は遅れることなくハルピンに着いた。
　　○ 私たちは、いつまでも変わることなくいい友達だ。
　　○ 雨は止むことなく降り続いている。

【279】～っこない
　①**用法**：接动词连用形后。多用于关系密切者之间的对话。说话的语气显得较为随便。
　②**意义**：表示说话人主观地对某事发生的可能性做出强烈的否定性判断。
　③**译法**："不会……"等。
　　○「毎日五時間は勉強しなさい。」「そんなこと、できっこないよ。」
　　○ 山田さんなんか、頼んだってやってくれっこないよ。
　　○ いくら彼女に聞いても、本当のことなんか言いっこないよ。

【280】～どころではない
　①**用法**：接体言、动词连体形或指示代名词「それ」的后面。也可以用

「～どころの話ではない」的表现形式，意义不变。口语中常用「～どころじゃない」的表现形式。

② **意义**：表示当时的心情或情形完全不适合做某件事情。或者表示客观地叙述实际情况与预期的相差甚远。

③ **译法**："哪谈得上……"；"谈不上……"；"别说……"；"根本不是……的时候"等。

○ こう天気が悪くては海水浴どころではない。
○ 仕事が残っていて、酒を飲んでいるどころではないんです。
○ 「今晩一杯いかがですか。」「仕事がたまっていて、それどころではないんです。」
○ 店員は実に無愛想で、親切どころの話じゃない、お客はこわごわと買い物をしていた。

【281】～なしに

① **用法**：接体言或动词连体形后续形式名词「こと」的后面。也可以用「～なしで」的表现形式。在句中构成状语。用于书面语。

② **意义**：表示前项为后项的状态或伴随情况。即表示在前项不成立的情况下进行后项。

③ **译法**："不……就……"；"不……而……"；"没……而……"等。

○ 山田先生はよく予告なしにテストをします。
○ 議案は異議なしに採択されました。
○ 彼女はみんなに別れを告げることなしに一人でアメリカに行きました。

【282】～なしには～ない

① **用法**：「なし」接体言后，「ない」接动词可能态的未然形后。也可以用「～なしでは～ない」的表现形式。用于书面语。

② **意义**：表示如果没有前项的成立，后项也就不能成立。

③ **译法**："没有……的话就不……"；"如果没有……就不……"等。

○ 辞書なしには日本語の新聞を読めない。
○ あなたなしには生きていけない。
○ 先生の許可なしには、家へ帰ることができない。

【283】～までもない

① **用法**：接动词连体形后。也可以用「～までのこともない」或「～までのことはない」的表现形式。

② **意义**：表示事情、情况等还没有达到要那样做的程度。

③ **译法**："没有必要……"；"不必……"；"无须……"；"用不着……"等。

○ わざわざ空港まで見送りに行くまでもない。
○ 改めてご紹介するまでもありませんが、山田先生は世界的に有名な芸

術家でいらっしゃいます。
○ この程度の風邪なら、医者に行くまでのこともない。

【284】〜ものか
① **用法**：接用言连体形后。口语中，男性多用「〜もんか」的表现形式，女性或较郑重的场合多用「〜ものですか」的表现形式。
② **意义**：以质问的口吻表示断然否定、反驳或拒绝。
③ **译法**："哪能……"；"怎么会……"；"怎么能……"等。
○ 誘われたって、誰が行くものか。
○ 「スプーンやフォークなども持って行く？」「そんなもの必要なもんか。」
○ そんな汚らわしい銭は誰が要るもんか。
○ 誰があんな高いものを買うものですか。

【285】〜ものではない
① **用法**：接动词连体形后。口语中也可以用「〜もんじゃない」的表现形式。
② **意义**：表示强烈的否定。
③ **译法**："不会……的"；"不是……的"等。
○ 外国語は一週間二週間で覚えられるものではない。
○ こんな下手な写真など、人に見せられたものではない。
○ こんなすっぱい蜜柑、食べられたもんじゃない。

【286】〜わけがない
① **用法**：接用言连体形后。也可以用「〜わけはない」的表现形式。口语也可以用「〜わけない」的表现形式。
② **意义**：表示根据一般规律推测某个事物不可能成立。即表示从道理上来讲，确信这是完全不可能的。
③ **译法**："不可能……"；"不会……"等。
○ 東北地方で熱帯の植物が育つわけがない。
○ 日本語の読めない外国人に「立ち入り禁止」の札の意味が分かるわけがない。
○ こんな忙しい時期に旅行に出かけるわけがない。
○ 寒い日が続き、おまけに害虫までついたのだから、お米のできがいいわけはない。
○ 「最近元気？」「元気なわけないでしょ。彼と仲直りできなくて、もう悲惨な状態なのよ。」

二、部分否定表現

【287】～というものではない
① **用法**：接用言終止形或体言后。也可以用「～というものでもない」的表现形式。口语中也可以用「～ってもんじゃない」的表现形式。
② **意义**：表示不能说某种认识、想法、主张等是非常妥当的。
③ **译法**："……可不是……"等。
　○ 物は、安ければそれでいい<u>というものではない</u>。
　○ 人には自由があるからといって、何をしてもよい<u>というものではない</u>。
　○ お金をたくさんもうけたからといって、それで幸せになれる<u>というものでもない</u>。

【288】～ないことはない
① **用法**：接动词未然形后。
② **意义**：表示以双重否定的形式构成肯定的意思。即表示只要某种条件具备，其事项的成立就不是完全没有可能。
③ **译法**："不可能不……"；"不会不……"；"不是不……"等。
　○ 車があれば、運べ<u>ないことはない</u>。
　○ 昨日電話で知らせておいたから、来<u>ないことはない</u>と思います。
　○ 真面目に勉強すれば、合格でき<u>ないことはない</u>。

【289】～ないこともない
① **用法**：接动词未然形后。也可以用「～ないことはない」的表现形式。
② **意义**：表示有一定的可能性。即表示某个事项的成立不是没有任何可能性，不过有着许多问题或困难。
③ **译法**："并不是不……"，"不是不……"等。
　○ よく考えてみれば、彼女の言うこともももっともだと思え<u>ないこともない</u>。
　○ 日本の納豆は、食べられ<u>ないこともない</u>んだが、あまり美味しいとは思わない。
　○「十日間でできるか。」「<u>できないことはない</u>のですが、かなり難しいと思います。」

【290】～ないでもない
① **用法**：接动词未然形后。也可以用「～ないものでもない」的表现形式。
② **意义**：表示某种行为、感觉、认识等有可能成立。给人的感觉是语气上显得不是很积极。

③ 译法："也不是不……"等。
- 「納豆はお好きですか。」「食べないでもないですが、あまり好きじゃありません。」
- 自分にも悪い点があったことは認めないでもない。
- ぼくは料理をしないでもないが、一人の時は面倒なのでたいてい外食してしまう。

【291】～わけではない
① **用法**：接用言连体形后。
② **意义**：表示情况并非或者并非完全是前接词语的内容那样。
③ **译法**："并不是……"；"并非就……"等。
- 日本にも少数民族がないわけではない。
- 足を怪我しているが、全然歩けないわけではない。
- 終わりまで見ていたが、面白かったわけではない。
- このレストランは何時も客がいっぱいだが、だからといって特別に美味しいわけではない。
- この文章を読んだからといって、内容を全部覚えているわけではない。
- 私は普段あまり料理をしないが、料理が嫌いなわけではない。忙しくてやる暇がないだけなのだ。

三、禁止表现

【292】～べからざる
① **用法**：前接动词终止形，后修饰体言，构成连体修饰。属于文语表现形式。用于书面语。
② **意义**：表示做了不应该做的某种事，或者表示某种事物是不可或缺的。
③ **译法**："不该……的"；"……是不可……的"等。
- あの人は知るべからざる秘密を知ってしまったので、殺された。
- それは許すべからざる行為だ。
- 水や空気は生物の生存に欠くべからざるものだ。

【293】～べからず
① **用法**：接动词终止形后，直接结束句子。多用于提示牌、标语等。属于文语表现形式。用于书面语。
② **意义**：表示不应该或禁止像前接词语的内容那样去做。
③ **译法**："不许……"；"不准……"；"禁止……"等。
- 芝生に入るべからず。
- 無用の者入るべからず。
- 場内でタバコをのむべからず。

第三十三课　否定等表现

【294】～べきではない
① **用法**：接动词终止形后。
② **意义**：表示不应该像前接词语的内容那样去做。
③ **译法**："不要……"；"不该……"等。
　　○ 若い女性に年齢を聞くべきではない。
　　○ 先生にそんな失礼なことを言うべきではない。
　　○ 他人の私生活に干渉するべきではない。

【295】～てはいけない
① **用法**：接动词连用形后。口语可以用「～ちゃいけない」的表现形式。
② **意义**：表示以命令或劝戒的口吻禁止做某事情。
③ **译法**："不要……"；"不可……"；"别……"等。
　　○ 話を脇道へそらしてはいけない。
　　○ この薬は、一日に三錠以上飲んではいけないそうだ。
　　○ きみ、人にそんな失礼なことを言っちゃいけないよ。

【296】～てはならない
① **用法**：接动词连用形后。多用于书面语。口语多用「～てはいけない」、「～てはだめだ」。
② **意义**：表示从道理或理论上讲，禁止那样做。
③ **译法**："不应该……"；"不可……"等。
　　○ 警察が来るまで、誰もここに入ってはならないそうだ。
　　○ 一度や二度の失敗であきらめてはならない。
　　○ 場内でタバコを飲んではならない。

【297】～てはだめだ
① **用法**：接动词连用形后。语气要比「～てはいけない」、「～てはならない」略显柔和。
② **意义**：表示要求或禁止对方不要那样做。或者表示某种状态不好。
③ **译法**："不要……"；"不许……"等。
　　○ 人のものを勝手に使っては駄目ですよ。
　　○ 教室の外で騒いだりしてはだめだ。
　　○ 危ないからそばへ寄ってはだめだ。

【298】～ものではない
① **用法**：接动词连体形后。口语里还可以说成「～もんじゃない」。
② **意义**：表示用讲道理的方式，以劝阻、告戒的语气禁止别人做什么事情。
③ **译法**："不要……"；"不该……"等。
　　○ 人の陰口を言うものではない。

○ 動物をいじめる<u>もの</u>ではない。
○ 男は人前で泣く<u>もの</u>ではない。
○ 人が話しをしている時、<u>横合から口を出すものではない</u>。

II. 词语注解

1 ハルピン＝（城市名）哈尔滨。
2 無愛想（ぶあいそう）＝简慢，不和气。
3 こわごわと＝提心吊胆地，战战兢兢地。
4 スプーン＝匙子。
5 フォーク＝叉子。
6 話を脇道（わきみち）へそらす＝岔开话题。
7 そばへ寄（よ）る＝靠近旁边。
8 横合（よこあい）から口を出す＝从旁插嘴。

III. 课后练习

一、从a.b.c.d.中选出最符合句子意义的惯用词语，将其符号填写在句中的[   ]内。

1. とっさに言われても、要領よく話せる [   ]。
   a. ものではない   b. べきではない
   c. べからず   d. ことなく
2. 私たちは、何時までも変わる [   ] いい友達だ。
   a. ものではない   b. ものか
   c. までもない   d. ことなく
3. 日本人が作った中華料理でうまかったことはないですね。一回もない。これは決して自慢で言っている [   ] んです。
   a. べからず   b. べきではない
   c. わけがない   d. わけじゃない
4. こんなひどい雨では頂上まで登れ [   ] から、今日は出かけるのは止めよう。
   a. ないことはない   b. っこない
   c. ないこともない   d. までもない
5. こんなに忙しいのにトランプで遊ぶ [   ]。
   a. までもない   b. というものではない
   c. どころじゃない   d. ことなく
6. 野獣の本性は、変わる [   ]。
   a. までもない   b. べきではない
   c. べからず   d. わけはない

第三十三課　否定等表現

7. 彼女は、もうこちらを振り返る［　　］、胸を張って、行ってしまった。
   a. こともなく　　　　　　　b. べきではない
   c. べからず　　　　　　　　d. ものではない

8. 皆さんよくご存知のことですから、わざわざ説明する［　　］でしょう。
   a. までもない　　　　　　　b. ものではない
   c. べからず　　　　　　　　d. っこない

9. 私たちの先生は教室で文を作れというが、その場で文を作れと言われても、簡単に作れる［　　］。
   a. ものではない　　　　　　b. べきではない
   c. べからず　　　　　　　　d. わけではない

10. どんな会社でも、年がら年中忙しい［　　］。
    a. てはならない　　　　　　b. までもない
    c. どころではない　　　　　d. わけではない

11. 「行きたくないの？」「行きたくない［　　］けど、あまり気がすすまないんだ。」
    a. までもない　　　　　　　b. べきではない
    c. ことはない　　　　　　　d. わけはない

12. 落書きする［　　］。
    a. べからざる　　　　　　　b. べからず
    c. ことなく　　　　　　　　d. わけではない

13. どんな暑い所でも、どんな寒い所でも、住んでみれば住めない［　　］。
    a. わけではない　　　　　　b. までもない
    c. どころではない　　　　　d. てはいけない

14. 言われてみれば、確かにあの時の彼女は様子がおかしかったという気がしない［　　］。
    a. こともない　　　　　　　b. ものか
    c. べからず　　　　　　　　d. までもない

15. やたらに陰口をきく［　　］。
    a. までもない　　　　　　　b. っこない
    c. べきではない　　　　　　d. わけではない

16. 会議室で遊んでは［　　］。出て行きなさい。
    a. ないでもない　　　　　　b. だめだ
    c. ないことはない　　　　　d. ないこともない

17. どんなベテランの先生でも、失敗がない［　　］。
    a. わけがない　　　　　　　b. べきではない
    c. べからず　　　　　　　　d. わけではない

18. この絶好のチャンスを取り逃がし［　　］よ。
    a. てはいけません　　　　　b. ないことはない
    c. ないでもない　　　　　　d. ないこともない

第三十四课　情感等表现

一、情感等表现

Ⅰ.语法解说

一、情感等表现

【299】～かぎりだ
①**用法**：接形容词连体形、形容动词连体形、体言后续格助词「の」的后面。
②**意义**：表示说话人喜怒哀乐等某种情感达到了极限。
③**译法**："非常……"；"极其……"；"极……"等。
○ 五年ぶりに旧友と再会して嬉しい限りだ。
○ 同僚の山田さんが豪華な邸宅を買った。羨ましい限りだ。
○ 旅費を使い果たして心細い限りだ。

【300】～ことか
①**用法**：接用言连体形后。前面与疑问词呼应，构成「疑问词＋用言连体形＋ことか。」的表现形式，直接结束句子。疑问词常用「どんなに」、「どれほど」、「なんと」等。
②**意义**：表示以满怀感慨之情叙述某个事件程度之高。
③**译法**："多么……"等。
○ ペットの小猫が死んだ時、あの子はどんなに悲しんだことか。
○ とうとう成功した。この日を何年待っていたことか。
○ それを直接本人に伝えてやってください。どんなに喜ぶことか。

【301】～ことだ
①**用法**：接部分形容词、形容动词的连体形后。
②**意义**：表示说话人的感动、感慨、吃惊、讥讽等情感。
③**译法**："非常……"等。
○ 家族みんな健康で、けっこうなことだ。
○ 道路に飛び出した弟を止めようと追いかけていって車に跳ねられるな

んて…。痛ましいことだ。
○ 夜は危ないからって、あのお母さん、子どもを塾まで送り迎えしてるんだって。ご苦労なことだね。

【302】～ことに（は）
① **用法**：接在表示情感意义的形容词或动词的连体形后。用于书面语。
② **意义**：表示为说话人对后项事项的叙述进行某种情感上的铺垫。
③ **译法**："非常……的是"；"令人……的是"等。
○ 驚いたことに、彼女はもうその話を知っていた。
○ 面白いことに、私が今教えている学生は、昔お世話になった先生の子どもさんだ。
○ 残念なことに、今回の調査では、ヤマネコの存在までは確認できなかった。

【303】～ざるをえない
① **用法**：接动词未然形后。多用于书面语。
② **意义**：表示说话人或某个人、某个组织在他人的逼迫或某种压力下，被迫不得已地做出某件事情或者某种选择。
③ **译法**："不得不……"；"不能不……"等。
○ 上司に言われたことだからやらざるをえない。
○ そんなに炭火をカンカンたくと、頭が痛くならざるをえない。
○ ぼくとしては、そんな場合そうせざるをえなかった。

【304】～たいものだ
① **用法**：接动词连用形后。
② **意义**：表示说话人的某种强烈愿望。
③ **译法**："真想……啊"等。
○ それはぜひ見たいものだ。
○ そのお話はぜひお伺いたいものです。
○ 私も彼女の幸運にあやかりたいものです。

【305】～てしかたがない
① **用法**：接动词和形容词的连用形后。形容动词用词干后续「でしかたがない」的表现形式。前接词多为表示情感、感觉、欲望之类的词。也可以用「～てしようがない」的表现形式。
② **意义**：表示人的某种情感或生理感觉等达到了令人难以克制的程度。
③ **译法**："……得不得了"；"……得要命"；"非常……"；"禁不住……"等。
○ あの事件を思い出すたびに泣けてしかたがない。
○ 公園で出会って以来、彼のことが気になってしかたがない。
○ 試験に合格したので、嬉しくてしかたがない。

○ 家は学校から遠くて、不便でしかたがない。
○ このところ、疲れがたまっているのか、眠くてしようがない。

【306】～てたまらない

① **用法**：接动词和形容词的连用形后。形容动词用词干后续「でたまらない」的表现形式。前接词多为表示情感、感觉、希求之类的词。
② **意义**：表示人的某种情感或生理感觉等达到了无法忍受的程度。
③ **译法**："……得不得了"；"……得受不了"；"……得要命"；"非常……"等。

○ 水を一杯くれ、喉が乾いてたまらない。
○ 今日は寒くてたまらない。
○ 彼女に会いたくてたまらない。
○ 初めての海外旅行が中止になってしまった。残念でたまらない。

【307】～てならない

① **用法**：接动词和形容词的连用形后。形容动词用词干后续「でならない」的表现形式。前接词都是表示情感、希求之类的词。多用于书面语。
② **意义**：表示人的某种情感、感受十分强烈，达到了无法抑制的程度。
③ **译法**："……得不得了"；"……得受不了"；"……得要命"；"不由得……"等。

○ この写真を見るたびに、古里の山々が思い出されてならない。
○ 息子のことが気になってならない。
○ あいつに騙されたのが悔しくてならない。
○ 将来がどうなるか、不安でならない。

【308】～てやまない

① **用法**：接在感情动词的连用形后面。多用于书面语或口语的郑重场合。
② **意义**：表示某个人长时间保持着发自内心的某种情感。
③ **译法**："……不已"；"衷心……"等。

○ 彼は一生そのことを後悔してやまなかった。
○ 彼女は、女優をしていた間、ずっとその役にあこがれてやまなかった。
○ 愛してやまない古里の山々は今日もきれいだ。

【309】～といったらない

① **用法**：接形容词终止形或体言后。前接词多为表示情感意义的词。口语中也常用「～ったらない」的表现形式。
② **意义**：表示前接词的意义达到了最高的或是无法形容的程度。
③ **译法**："没有比……更……的了"；"……极了"；"……得了不得"；"太……"等。

第三十四课　情感等表现

○ 彼女に騙されて、悔しさ<u>といったらない</u>。
○ 試験に合格した時の彼女の喜びよう<u>といったらなかった</u>。
○ 花嫁衣裳を着た高橋美穂さんの美しさ<u>といったらなかった</u>。
○ 徹夜して新年を迎えたから、眠い<u>といったらない</u>。
○ 彼は授業中に真面目な顔をして冗談を言うんだから、可笑し<u>いったらないよ</u>。

【310】～ときたら
① 用法：接体言后。
② 意义：表示以不满、责备、自嘲等语气消极地就某个话题进行评价。
③ 译法："说起……"；"提起……"等。
○ 家の亭主<u>ときたら</u>、週のうち三日は午前様で、日曜になるとごろごろ寝てばかりいる。
○ 家の女房<u>ときたら</u>、外出ばかりして、めったに家にいやしない。
○ 二階の人<u>ときたら</u>、やかましくてしようがないね。

【311】～ないではいられない
① 用法：接动词未然形后。前接词多为与人的行为、情感、思维等有关的动词。也可以用「～ずにはいられない」的表现形式，但多用于书面语。
② 意义：表示说话人或者某个人无法抑制自己，情不自禁地要做某种事情，或产生某种情感。
③ 译法："不能不……"；"非……不可"；"不……就受不了"等。
○ そんな悲しいことを聞いて、私は泣か<u>ないではいられなかった</u>。
○ あの映画を見たら、誰だって感動し<u>ないではいられない</u>だろう。
○ 言わない方が良いことは分かっているが、話さ<u>ないではいられなかった</u>。

【312】～ないではおかない
① 用法：接动词或使役助动词的未然形后。一般用「～ずにはおかない」的表现形式。用于书面语。
② 意义：表示某人由于外部的压力，被迫处于某种境遇当中。
③ 译法："不能不……"；"非……不可"；"必然……"等。
○ この作品は、読む者の胸を打た<u>ないではおかない</u>だろう。
○ 離婚した以上、財産の所有の問題について、はっきり説明し<u>ないではおかない</u>だろう。
○ 彼女の言動は、どこか私を苛立たせ<u>ないではおかない</u>ものがある。

【313】～ないではすまない
① 用法：接动词未然形后。也可以用「～ずにはすまない」的表现形式，但多用于书面语。
② 意义：表示根据某种情况、社会常识或出于某种义务和责任，不能放任

不做某件事情。多用于负面的、消极的评价。
　　③ **译法**："不能不……"；"应该……"等。
　　　○ 相手に怪我をさせたのだから、謝ら<u>ないではすまない</u>と思います。
　　　○ 大切なものを壊してしまったのです。買って返さ<u>ないではすまない</u>でしょう。
　　　○ こんないたずらをしたんでは、お父さんに叱られ<u>ないではすまない</u>よ。

【314】〜ものだ
　　① **用法1**：接在动词连用形后续完了助动词「た」的后面。多与副词「よく（も）」呼应使用。
　　② **意义1**：表示说话人以佩服、失望等心情叙述某件事情。
　　③ **译法1**：酌情翻译。
　　　○ こんな難しい問題が、よく解けた<u>ものだ</u>。
　　　○ こんな小さい記事がよく見つけられた<u>ものだ</u>。
　　　○ 昔お世話になっていた人に、よくもあんな失礼なことができた<u>ものだ</u>。

　　④ **用法2**：接用言连体形后。
　　⑤ **意义2**：表示说话人以感慨的心情叙述某件事情。
　　⑥ **译法2**：酌情翻译。
　　　○ この校舎も古くなった<u>ものだ</u>。
　　　○ この町も、昔と違ってきれいになった<u>ものだ</u>。
　　　○ 昔のことを思うと、いい世の中になった<u>ものだ</u>と思う。

【315】〜（よ）うに
　　① **用法**：接形容词以及助动词「た」、「だ」、「です」等的未然形后。可以用于自言自语。
　　② **意义**：表示说话人以感慨、感叹、不满、后悔等的心情叙述某件事情。
　　③ **译法**：酌情翻译。
　　　○ こんな寒い日にわざわざでかけなくてもいいだろ<u>うに</u>。
　　　○ 両親が生きていてくれたら、どんなにか楽しかったろ<u>うに</u>。
　　　○ あの怪我では、かなり痛かろ<u>うに</u>。

【316】〜をきんじえない
　　① **用法**：接具有人的情感意义的名词后。用于书面语。
　　② **意义**：表示不能不产生某种情感。
　　③ **译法**："不能不令人……"；"禁不住……"等。
　　　○ この不公平な判決には怒り<u>を禁じ得ない</u>。
　　　○ その場面を見て、失笑<u>を禁じ得なかった</u>。
　　　○ 期待していた受賞の知らせには喜び<u>を禁じ得なかった</u>。

第三十四課　情感等表現

○ 交通事故で家族を失った彼には同情を禁じ得ません。

【317】〜を余儀なくされる

① 用法：接体言后。用于书面语。
② 意义：表示行为主体由于外界的压力而被迫不得已实行某种行为。
③ 译法："不得已……"；"只好……"等。

○ 天候の不順で作物が順調に育たず、農家は大きな赤字を余儀なくされた。
○ 雨天続きで、プール開きの予定は変更を余儀なくされた。
○ 火事で住まいが焼けたため、家探しを余儀なくされた。

II. 词语注解

1. 邸宅（ていたく）＝宅邸，公馆。
2. ヤマネコ＝（动物名）山猫。
3. カンカン＝（形容火烧得很旺的样子）熊熊。
4. 泣（な）ける＝是「泣く」的可能态。表示因感动或激动而泣。
5. （…に）あこがれる＝向往……，渴望……，憧憬……。
6. ごろごろ＝无所事事，闲呆。
7. 苛立（いらだ）つ＝焦躁不安。
8. プール＝游泳池。
9. 家探（いえさが）し＝找住处。

III. 课后练习

一、从 a.b.c.d. 中选出最符合句子意义的惯用词语，将其符号填写在句中的 [　] 内。

1. 朝ご飯を食べなかったので、どうにもお腹がすい [　]。
   a. てたまらない　　b. たいものだ
   c. ざるをえない　　d. ないではおかない
2. よく考えてから結論を出す [　]。
   a. かぎりだ　　b. ときたら
   c. ことだ　　d. たいものだ
3. 学生は勉強する [　]。
   a. ときたら　　b. ことか　　c. かぎりだ　　d. ものだ
4. お誕生日のパーティーに出ることができなくて、まことに残念な [　]。
   a. ものだ　　b. かぎりです　　c. ものか　　d. ことに

5. つまらない話を四時間も聞かされる身にもなってください。どれほど退屈な［　　］。
   a. ことだ　　　　b. ことか　　　　c. かぎりだ　　d. ものだ
6. 上司の提案に賛成せ［　　］。
   a. ざるをえない　　　　b. ないではおかない
   c. ないではすまない　　d. たいものだ
7. 病院では、静かにする［　　］。
   a. ときたら　　　　b. ことか
   c. かぎりだ　　　　d. ものだ
8. どうしてもそれを買い［　　］。
   a. たいものだ　　　　b. たいことか
   c. たいかぎりだ　　　d. たいことだ
9. 家の中がじめじめしてどうにも不愉快［　　］というような気分にもなります。
   a. でたまらない　　　b. たいものだ
   c. ざるをえない　　　d. ないではおかない
10. 命が惜しかったら、黙っている［　　］。
    a. ことか　　　　b. ときたら
    c. ことだ　　　　d. ざるをえない
11. 今年の夏は暑く［　　］。
    a. てたまらない　　　b. ないではすまない
    c. ざるをえない　　　d. ないではおかない
12. 人に親切にされたら、お礼を言う［　　］。
    a. かぎりだ　　　　b. ときたら
    c. ことか　　　　　d. ものだ
13. 母の死を知らず無邪気に遊んでいるあの子どもに哀れみ［　　］
    a. を余儀なくされた　　b. を禁じ得なかった
    c. ないではいられない　d. ざるをえない
14. 隣の家の中［　　］、散らかし放題で足の踏み場もない。
    a. かぎりだ　　　　b. ときたら
    c. てならない　　　d. て仕方がない
15. 明日、国から両親が来るので嬉しく［　　］。
    a. てたまらない　　　b. ないではすまない
    c. ざるをえない　　　d. ないではおかない

第三十五课　传闻等表现

　　一、传闻表现
　　二、邀请表现
　　三、提醒表现
　　四、请求表现
　　五、目的表现
　　六、基准表现

Ⅰ.语法解说

一、传闻表现

【318】～ということだ
　①**用法**：接各种句子后。也可以用「～とのことだ」或「～という話だ」的表现形式，意义基本不变。
　②**意义**：表示直接引用式的传闻。
　③**译法**："听说……"；"据说……"等。
　　○ 日本人は甘いものが好きだということだ。
　　○ 山田さんはとてもハンサムな人だということだ。
　　○ 日本ではもう桜の花が咲いたということだ。

【319】～とか
　①**用法**：接体言或用言连体形后。
　②**意义**：表示婉转表达不十分准确的传闻。即表示说话人把自己听说的、并不十分准确的内容转述给他人。
　③**译法**："听说……"；"说是……"等。
　　○ 山田さんは今日は風邪で休むとか。
　　○ 山田さんとかいう人が訪ねて来ていますよ。
　　○ 兄は今晩ガールフレンドと一緒に映画を見に行くとか言っていました。

二、邀请表现

【320】～う（よう）ではないか
① **用法**：接动词未然形后。也可以用「～う（よう）じゃないか」或「～う（よう）ではありませんか」的表现形式。
② **意义**：表示说话人邀请、劝诱他人与自己共同做某件事情。
③ **译法**：酌情翻译。
○ みんなで一緒にがんばろうではないか。
○ 一緒に飲もうじゃないか。
○ 今夜は、語り明かそうではありませんか。

【321】～ことだ
① **用法**：接动词或否定助动词「ない」的连体形后。
② **意义**：表示说话人的间接的忠告或命令。
③ **译法**：酌情翻译。
○ 外国語がうまくなりたければ真面目に勉強することだ。
○ 親に頼らないで、自分でやってみることだ。
○ 子どもに触らせたくないというのなら、最初から手の届くところにおかないことだ。

三、提醒表现

【322】～べきだ
① **用法**：接动词终止形后。サ变动词也可以用「すべきだ」的接续形式。
② **意义**：表示说话人对一般事物的看法，即认为按一般道理应该如此，有义务那样做。用于他人行为时，便成了规劝、忠告、命令等的意思。
③ **译法**："应该……"；"必须……"；"应当……"；"值得……"等。
○ 学生は真面目に勉強すべきだ。
○ 何事をするにも慎重な態度を取るべきだ。
○「海外研修に行くかどうか迷っているんだ。」「そりゃ、行くべきだよ。いいチャンスじゃないか。」
○ この任務は君が引き受けるべきだ。

【323】～ことはない
① **用法**：接动词连体形后。
② **意义**：表示说话人建议或劝告对方没有必要那样做。经常用「何も～ことはない」或「わざわざ～ことはない」的表现形式。

③ 译法："不必……"；"用不着……"等。
　　○ 電話で済むのだから、わざわざ行くことはありません。
　　○ 心配することはありませんよ。私も手伝うからがんばりましょう。
　　○ 困ったことがあったらいつでも私に言ってね。ひとりで悩むことはないのよ。

四、请求表现

【324】～てもらえるか
① 用法：接动词连用形后。也可以用「～てもらえる？」、「～てもらえない？」的表现形式。敬体用「～てもらえますか」的表现形式。更为客气的说法有：「～てもらえないでしょうか」、「～ていただけませんか」、「～ていただけないでしょうか」等。
② 意义：表示说话人请求他人为自己或者自己一方的人做什么事情。
③ 译法："能不能……？"等。
　　○「ちょっと窓を開けてもらえる？」「いいよ。」
　　○「ちょっと消しゴム貸してもらえますか。」「いいですよ。どうぞ。」
　　○ ここは公共の場なんですから、タバコは遠慮してもらえませんか。

【325】～がほしい
① 用法：接体言后。常常与接续助词「が」、「けど」呼应使用，构成「～がほしいんですが。」、「～がほしいんだけど。」的委婉的表现形式。
② 意义：表示说话人以委婉的语气向对方提出自己想要什么的请求。
③ 译法："能不能……？"等。
　　○ すみません、これがほしいんですが。
　　○ 水がほしいんだけど。

【326】～てほしい
① 用法：接动词连用形后。也可以接否定助动词「ない」后，构成「～ないでほしい」的请求表现形式。常常与接续助词「が」、「けど」呼应使用，构成「～てほしいんですが。」、「～てほしいんだけど。」「～ないでほしいんですが。」、「～ないでほしいんだけど。」的委婉的表现形式。
② 意义：表示说话人以委婉的语气请求对方为自己做什么事情。
③ 译法："能不能……？"等。
　　○「プレゼントなので、リボンをかけてほしいですが。」「はい、少々お待ちください。」
　　○「今日は早く帰ってきてほしいんだけど。」「うん、分かった。」
　　○ 明日は出かけないでほしいんだけど。

五、目的表现

【327】～ために

① **用法**：接动词连体形或体言后续格助词「の」的后面。可以用「～ためだ」的形式直接结束句子。一般要求主从句的行为主体一致。

② **意义**：表示前项是后项的目的或所向的目标。

③ **译法**："为了……"等。
- 弱虫の太郎が病気のお爺さんを助ける<u>ために</u>、夜道を一人で走り、お医者さんを呼んできたよ。
- 入場券を手に入れる<u>ために</u>朝早くから並んだ。
- 世界平和の<u>ために</u>国際会議が開かれた。
- 「可愛い子には旅をさせよ」ということわざのとおり、一人で苦労させるのが子どもの<u>ためだ</u>。
- ここにゴミ処理場をつくるのも、世の<u>ため</u>、人の<u>ためだ</u>。
- いったい、何の<u>ために</u>、こんな難しい勉強をしなければならないのだろう。

【328】～べく

① **用法**：接动词终止形后。サ变动词也可以用「すべく」的接续形式。仅用于书面语。

② **意义**：表示前项是后项的目的或所向的目标。

③ **译法**："为了……"等。
- 彼女は法律を勉強す<u>べく</u>日本へ留学した。。
- 彼は世界平和に身を捧げる<u>べく</u>決意した。
- 彼は親友を見舞う<u>べく</u>上海へ行った。

【329】～ように

① **用法**：接动词连体形后。也可以用「～よう～」的表现形式。不要求主从句的行为主体必须一致。

② **意义**：表示行为动作主体为了实现前项的某种愿望而展开后项的行动。

③ **译法**："为了……"；"以便……"等。
- 赤ん坊を起こさない<u>ように</u>そっと布団を出た。
- 後ろの席の人にも聞こえる<u>ように</u>大きな声で言ってください。
- 七時半の急行に間に合う<u>ように</u>早く出かけましょう。
- 一日も早く健康を回復される<u>よう</u>お祈りします。

【330】～んがために（の）

① **用法**：接动词未然形后。为文语的表现形式，多用于惯用表现。仅用于书面语。

② 意义：表示以什么为目的。
③ 译法："为了……"等。
○ 子どもを救わんがために命を落とした。
○ あの人は教授にならんがために、研究に没頭している。
○ 感謝の意を表さんがために感謝状を出した。
○ 彼は自分の理論の正しさを立証せんがために、幾つかの事実を挙げた。

六、基准表现

【331】〜とおり

① 用法1：接在表示发话或思考意义的动词的连体形、完了助动词「た」的连体形、体言后续格助词「の」的后面。也可以用「〜とおりに〜」的表达形式，构成连用修饰。作连体修饰使用时，一般采用「〜とおりの〜」的表现形式。也可以用「〜とおりだ」的表现形式直接结束句子。
② 意义1：表示原样。即表示后项的行为、动作是完全按照前项的要求而实施的，或者表示后项事项的成立与否完全是参照着前项的内容来衡量的。
③ 译法1："按照……那样"；"正像……那样"；"如……那样"等。
○ ご存知のとおり、この辺りに小学校がありました。
○ ご承知のとおり、昔は、この辺りは荒れ地でした。
○ 物事は自分の考えのとおりにはいかないものです。
○ 壊した玩具を直そうとしたのですが、元のとおりにはなりませんでした。
○ 君の言うとおりにやったのに、いまさらそれが間違いだなんてひどいよ。
○ うちの子はわがままで、何でも自分の思うとおりにならないと、泣きます。
○ 物事は自分で考えているとおりにはなかなか進まない場合が多い。
○ 考えたとおりにやってごらんなさい。
○ やっぱり、私の言ったとおり、ずいぶん暑かったでしょう。
○ 山田先生の奥さんは私が想像していたとおりの美人でした。
○ まったくおっしゃるとおりです。
○ 調査の結果は次のとおりです。

④ 用法2：直接接在数词、疑问词「何」「幾」的后面。
⑤ 意义2：表示方法或种类的数量。
⑥ 译法2："……种"等。
○ 学校から駅までには三とおりの行き方があります。
○ この問題の解き方には、二とおりの方法があります。

○ やり方はなん<u>とおり</u>もありますが、どの方法がよろしいでしょうか。
○ この字の読み方はいく<u>とおり</u>あるか知っていますか。

⑦ **用法3**：用「どおり」的形式，直接接在表示预定、计划、思考、命令、指示等意义的名词后。也可以采用「～どおり～」的表现形式，意义不变。同时还可以用「～どおりだ」的表现形式直接结束句子。
⑧ **意义3**：表示原封不动。即表示后项完全是按照前项的内容而成立。
⑨ **译法3**："按……"；"按照……"等。
○ すべて課長の指示<u>どおり</u>手配いたしました。
○ 親の言葉<u>どおり</u>にお詫びに行ったら、お爺さんは勘弁してくれました。
○ 仕事は予定<u>どおり</u>具合よく進んでいます。
○ 自分の気持ちを思い<u>どおり</u>に書くことは、簡単そうに見えて難しいです。
○ 案内書を見ながら香山を登りました。その素晴らしさは案内書<u>どおり</u>でした。

【332】～に即して
① **用法**：接在表示事实、规范、体验等意义的名词后。用于书面语。
② **意义**：表示后项按照前项的内容而行事。即表示后项的言行以前项的内容为基准。
③ **译法**："根据……"；"按照……"等。
○ 事実<u>に即して</u>、ありのまま話すべきです。
○ この問題は私的な感情ではなく、法<u>に即して</u>解釈しなければなりません。
○ この小説は、作者の身近な経験<u>に即して</u>書かれたものだという。
○ 幼児教育につきましてはそれぞれの家庭で事情が異なると思いますから、実情<u>に即して</u>対処いたします。
○ 試験中の不正行為は、校則<u>に即して</u>処理しなければなりません。

【333】～に沿って
① **用法**：接在表示河流、森林、道路、程序、流程等意义的名词后，构成连用修饰。作连体修饰使用时，一般采用「～に沿う～」或「～に沿った～」的表现形式。
② **意义**：表示后项的行为、动作沿着或者按照前项的内容而实行。或者表示后项的事项依照前项的内容而成立。
③ **译法**："沿着……"；"按照……"等。
○ この道<u>に沿って</u>行けば、いつかはたどり着けるだろうと、どんどん歩きました。
○ 正しいルート<u>に沿って</u>登れば、冬山でもない限り遭難することはめったにありません。

第三十五课　传闻等表现

○ 作者がここで何を言いたかったのか、文脈に沿って考えましょう。
○ 産業界をはじめ、社会全体が近代化の線に沿って動き出していました。
○ 旅人は森に沿って続く小道を元気よく歩いていきました。
○ 駅前から門前までは、通りに沿って両側に商店が立ち並んでいます。
○ この塀に沿って植えてある花は、日陰でもよく育ちます。
○ 書いてある手順に沿ってやってください。
○ 皆様のご希望に沿うように努力いたします。
○ 戦争が激しくなるにつれ、新聞に対する統制は厳しくなり、国策に沿った記事しか発表できなくなりました。

【334】～に基づいて
① 用法：接体言后，构成连用修饰。作连体修饰使用时，一般采用「～に基づいての～」、「～に基づいた～」或「～に基づく～」的表现形式。也可以用「～に基づいている。」的形式直接结束句子。
② 意义：表示后项的行为、动作以前项的内容为依据。或者表示某个事项是以前接词为根据的。
③ 译法："基于……"；"根据……"；"按照……"等。
○ 彼は、調査に基づいて、分かったことを報告書にまとめました。
○ このドキュメンタリー小説は、実際にあった事件を事実に基づいて書いたものです。
○ 憲法に基づいて、我が国では、結婚の自由が保障されています。
○ 女性も仕事を持つべきだという考えに基づいて、私は、教師の職を選びました。
○ 国際協定に基づいて平和解決をはかるべきです。
○ 具体的な状況に基づいて評価します。
○ 夏休み中は、予定表に基づいて、計画的に勉強するつもりです。
○ これは、長年の経験に基づいての判断だから、信頼できます。
○ 現代仮名遣いは、だいたい現代の発音に基づいています。

【335】～のもとで
① 用法1：接体言后，构成连用修饰。也可以用「～のもとに～」的表现形式。多用于书面语。更为郑重的表现形式为「～のもと、～」。
② 意义1：用「～のもとで～」的表现形式时，多用来表示后项的某种行为、动作是在前项的影响下进行或是完成的。而用「～のもとに～」的表现形式时，多用来表示前项为后项的前提条件，即表示后项动作的结果是在前项的情况或条件下取得的。
③ 译法1："在……下"等。
○ 一定の条件のもとで減税の措置を取ります。
○ 先生のあたたかい指導のもとで、生徒たちは伸び伸びと自分らしい作

品を作り出していきました。
○ 彼らは優れた先生のもとでみっちり基礎を学びました。
○ 私たちはきわめて困難な状況のもとで、勇敢に戦いました。
○ 悪天候のもとで、飛行機は空に向かって飛び上がりました。
○ 皆様の熱情のこもった援助のもとに、多大の成果を収めることができたのです。
○ 敵の背後に忍び寄り、見張りを一撃のもとに打ち倒しました。
○ この物語は、革命期のフランスを舞台に、一組の男女の姿を雄大な構想のもとに描いたものです。
○ すべての国民は、法のもとに平等であり、差別されない。

④ **用法2**：接体言后，构成连用修饰。采用「～のもとで～」或「～のもとに～」的表现形式。多用于书面语。
⑤ **意义2**：表示把前项的内容作为一种名义或名目，进行后项的动作。
⑥ **译法2**："以……的名义"；"借……的名目"等。
○ 開発という名のもとで自然が次々と破壊されています。
○ 多くの若者が自由の名のもとに尊い命を失ったのです。
○ これは「西部支援」の名のもとに集められた募金です。

【336】～を中心として

① **用法**：接体言后。另有「～を中心に～」和「～を中心にして～」的表现形式。作连体修饰使用时，可以采用「～を中心とする～」、「～を中心とした～」、「～を中心にする～」、「～を中心にした～」的表现形式。多用于书面语。
② **意义**：表示以某个事项为中心，揭示某种行为、现象、状态等所涉及到的大致的范围。
③ **译法**："以……为中心"等。
○ 山田さんを中心として、文化祭の係りは心を一つに頑張っています。
○ 与えられた点を中心として円を描きなさい。
○ そのグループは田中君を中心に作業を進めています。
○ 江戸時代は、江戸を中心として、文化が栄えました。
○ 太陽系の惑星は太陽を中心として回っています。
○ 今度の台風の影響は、本州地方を中心にして日本全体に広がる見込みです。
○ 山田さんを中心とする新しい委員会ができました。
○ 今度は、老人問題を中心とした様々な問題を話し合いたいと思います。

【337】～を～にして

① **用法1**：构成「（名词）を（名词）にして、～」的表现形式。也可

以用「（名词）を（名词）として、～」的表现形式。作连体修饰使用时，采用「～を～にする～」、「～を～にした～」、「～を～とする～」、「～を～とした～」的表现形式。可以用「～を～とする。」或「～を～としている。」的表现形式直接结束句子。
　　② **意义1**：表示把某个事物当作什么来看待。
　　③ **译法1**："以……为……"；"把……当作……"等。
　　　○ 作者は、自分の母をモデルにして、この小説を書いたということです。
　　　○ この文章は少し難しいから、注を参考にして、注意深く読みましょう。
　　　○ 子どもは、親を手本にして成長すると言われます。
　　　○ 本を買うというのを口実にして、私はお小遣いを値上げしてもらいました。
　　　○ 彼は、お碗を舟に、箸をかいに、針を刀にして旅に出ました。
　　　○ 彼女は大学入学を契機として親元を出ました。
　　　○ この財団は、若い芸術家を育てることを目的として設立されたものです。
　　　○ この辞書は、中学生を対象にしたものなので、とても分かりやすいです。
　　　○ 今日のホームルームは、自転車の安全な乗り方をテーマにします。
　　　○ 学期末試験では六十点以上を合格とします。
　　　○ 人に恥をかかせて、笑いものにするとはなんてひどい人だ。
　　　○ 飢えに苦しむアフリカ諸国では、大量の食糧を必要としています。

　　④ **用法2**：构成「（名词）を（名词）にして、～」的表现形式。
　　⑤ **意义2**：表示人为地使某个事物发生某种变化。
　　⑥ **译法2**："使……成为……"；"把……作为……"等。
　　　○ 父が弟を作家にしようと言ったのは、そのためです。
　　　○ 一寸法師はお姫様をお嫁さんにして、幸せに暮らしました。
　　　○ うちでも、今度コーヒー豆を粉にする器具を買いました。

【338】～をもとにして
　　① **用法**：接体言后。也可以用「～をもとに～」的表现形式。作连体修饰使用时，一般采用「～をもとにした～」的表现形式。
　　② **意义**：表示把前项的事项作为基础、根据、材料、一种启示等，展开后项的行动。
　　③ **译法**："在……的基础上"；"以……为基础"；"以……为根据"等。
　　　○ 人のうわさだけをもとにして人を判断するのはよくありません。
　　　○ これをもとにして、さらに研究を進めていきましょう。

○ 現地からの報告をもとにして救援計画を作りました。
○ 日本人は漢字をもとにして、平仮名と片仮名をつくりました。
○ あの人は史実をもとにした作品を書き上げました。

II. 语词注解

1 ハンサム＝英俊，漂亮（男子），美（男子）。
2 語（かた）り明（あ）かす＝谈话谈到天亮，彻夜聊天。
3 （……に）触（さわ）る＝触摸。
4 チャンス＝机会。
5 わざわざ＝特意，故意地。
6 ひとりで＝独自。
7 プレゼント＝礼物，赠品。
8 リボンをかける＝装饰上彩带。
9 （……を）手に入れる＝把……弄到手。
10 （……に）身（み）を捧（ささ）げる＝献身于……。
11 （……に）間（ま）に合（あ）う＝来得及……，赶得上……。
12 わがまま＝任性。
13 たどり着（つ）ける＝好容易走到……，挣扎着走到……，摸索着找到……。
14 ルート＝道路，途径。
15 ドキュメンタリー小説＝记实小说。
16 忍（しの）び寄（よ）る＝偷偷接近。
17 見張（みは）り＝看守，值班的。
18 ホームルーム＝课外学习室。

III. 课后练习

一、从a.b.c.d.中选出最符合句子意义的惯用词语，将其符号填写在句中的[ ]内。

1. 鈴木さんは、来年会社を辞めて留学する［　　］。
   a. べきだ　　　　b. ために　　　c. ということだ　　　d. ように
2. 困っている人にできるだけ手を貸してあげ［　　］。
   a. ようじゃないか　b. べきだ　　　c. ことだ　　　　　d. とか
3. 子どもはもっと自由に遊ばせる［　　］。
   a. べきだ　　　　b. がほしい　　　c. べく　　　　　　d. ように
4. まだ早いから、そんなに急いで帰る［　　］。
   a. べきだ　　　　b. ということだ　c. ことはない　　　d. とか

第三十五課　传闻等表现

5. 魚屋さんに刺し身を頼んであるから、買物の帰りに寄って［　　］。
　　a. がほしい　　b. もらえるか　　c. ように　　　　　d. ことだ
6. 耳の遠いお年寄りに話をする時には、ゆっくりと大きな声で言ってあげる心遣い［　　］。
　　a. がほしい　　b. てほしい　　c. てもらえるか　　d. とか
7. 日本語が上手になる［　　］漢字をたくさん覚えます。
　　a. べく　　　　b. とか　　　　c. とおり　　　　　d. ために
8. 象の群れは生き［　　］水を求めて何キロも歩き続けるそうだ。
　　a. んがために　b. てもらえるか　c. ように　　　　d. てほしい
9. 転ばない［　　］足元に気をつけて歩いてください。
　　a. とか　　　　b. がほしい　　c. ように　　　　　d. とおり
10. 主人公の考えや気持ちがどのように変化していったかを、文章［　　］考えてみましょう。
　　a. に沿って　　b. とおり　　　c. ように　　　　　d. に即して
11. この絵はお金［　　］五千万円の価値がある。
　　a. とか　　　　b. にして　　　c. とおり　　　　　d. がほしい
12. 国家は一定の条件［　　］、減税の措置をとるべきだ。
　　a. のもとで　　b. に沿って　　c. を中心として　　d. とおり
13. 運動会は時間［　　］始まった。
　　a. に沿って　　b. どおりに　　c. のもとで　　　　d. に即して
14. 試験に受かる［　　］は、もっと一生懸命勉強する必要があります。
　　a. べく　　　　b. とか　　　　c. とおり　　　　　d. ために
15. レポートにまとめたことが正確であるかどうか、資料［　　］もう一度検討しよう。
　　a. に即して　　b. とおり　　　c. ように　　　　　d. に沿って
16. 父には、何時までも元気で長生きし［　　］。
　　a. てほしい　　b. ようではないか　c. ように　　　d. べきだ
17. 原則［　　］処理しなければならない。
　　a. に沿って　　b. を中心として　c. とおり　　　　d. に基づいて
18. この小説は何［　　］書いたのですか。
　　a. のもとで　　b. をもとにして　c. んがために　　d. に沿って
19. 鈴木先生のご指導［　　］、卒業論文を書き上げました。
　　a. のもとで　　b. をもとにして　c. に基づいて　　d. に即して
20. この方針［　　］交渉すればいい。
　　a. ように　　　b. とおり　　　c. に沿って　　　　d. んがために

第三十六课　推量等表现

一、推量表现
二、意志表现
三、习惯表现
四、持续、变化表现

Ⅰ．语法解说

一、推量表现

【339】～おそれがある
① 用法：接动词连体形或体言后续格助词「の」的后面。否定形式用「～おそれがない」。也可用来构成连体修饰。常用于新闻报道等。
② 意义：表示有某种不好的情况发生的可能性。
③ 译法："恐怕会……"；"有可能……"；"有……的危险"等。
　○ 大雨のおそれがある。
　○ 生命のおそれがある。
　○ 水害のおそれがない。
　○ 日本には、今後も噴火するおそれのある火山が、約80もあります。
　○ この二、三日に地震のおそれがあるので、厳重に注意してください。
　○ あんなに遊んでばかりいては、また落第するおそれがある。

【340】～かねない
① 用法：接动词连用形后。
② 意义：表示很有可能会出现某种不好的、不希望发生的情况。
③ 译法："很可能……"；"说不定会……"；"不一定不……"等。
　○ 冬山の登山は、油断すると命も落としかねない危険性を伴っている。
　○ 風邪だからといって放っておくと、大きい病気になりかねない。
　○ 今回の土砂崩れは二次災害を引き起こしかねないものであり、対策を急がなければならない。

第三十六课　推量等表现

【341】～と見(み)えて
① **用法**：接用言终止形或体言后。
② **意义**：表示呈现于外的某种情况或状态给人以那样的感觉。
③ **译法**："看起来好像……"；"似乎……"等。
　○ 彼はこの頃お金がないと見えて、あまり外出しない。
　○ 主人はかなり疲れていると見えて、帰ってくるなり寝てしまった。
　○ 彼はまだ飲み足りないと見えて、しきりにもう一軒行こうと誘う。

【342】～に違いない（に相違ない）
① **用法**：接动词连体形、形容词连体形、形容动词词干或体言后。多用于书面语。用于口语时，会给人以夸张的感觉。类似的用法有「～に相違ない」。
② **意义**：表示呈现于外的某种情况或状态给人以那样的感觉。
③ **译法**："一定……"；"一定是……"；"无疑……"等。
　○ 今度の台風は福建省に上陸するに違いない。
　○ この絵は素晴らしい。値段も高いに違いない。
　○ あの町は若者の集まるところだからにぎやかに違いない。
　○ あんな素晴らしい車に乗っているのだから、あの人は金持ちに違いない。

【343】～かもしれない
① **用法**：接动词终止形、形容词终止形、形容动词词干或体言后。口语中，比较随便的说法还可以用「～かもね。」、「～かもよ。」的表现形式。
② **意义**：表示说话人对某个事物的不确切的估计或判断。
③ **译法**："也许……"；"……也未可知"；"可能……"；"说不定……"等。
　○ この意見は、諸君には理解してもらえないかもしれない。
　○ 雨が降るかもしれないから、傘を持っていった方がいいよ。
　○ ノックをしても返事がない。彼女はもう寝てしまったかもしれない。
　○ 「あの偉そうにしている人、ひょっとしてここの社長かもしれないね。」「そうかもね。」

【344】～はずだ
① **用法**：接用言连体形或体言后续格助词「の」的后面。一般用来直接结束句子。但也有「～はずな～」的连体修饰的用法。
② **意义**：表示以某种记忆、经验、习惯或情理等为依据，比较有把握地推断某一事物必然如此。
③ **译法**："按理应该……"；"理应……"；"该……"；"会……"；"确信……"等。
　○ 彼女に知らせたから、知っているはずだ。
　○ 君以外に知っている者はないはずだ。

○ 今はにぎやかなこの辺りも、昔は静かだったはずだ。
○ あれから四年経ったのだから、今年はあの子も卒業のはずだ。
○ ああ、うまくいくはずだったのになあ。
○ もう着いてもいいはずなのに、道に迷ったのかしら。

【345】〜はずがない

① **用法**：接用言连体形或「そんな」等连体词后。也可以用「〜はずはない」的表现形式。

② **意义**：表示根据某种情理、过去的某种经验或情况，推测某个事项完全没有成立的可能。

③ **译法**："不可能……"；"不会……"；"决不会……"等。

○ 彼はそんな小さな事で怒るはずがないよ。
○ こんな難しいことが子どもに分かるはずがない。
○ あのおとなしい人がそんなひどいことをするはずがない。
○ これは君の部屋にあったんだよ。君が知らないはずはない。
○ 「かぎがない。」「かぎがない？そんなはずはない。さっき机の上に置いたんだから。」

二、意志表现

【346】〜（よ）うとする

① **用法**：接意志动词的未然形后。
② **意义**：表示为实现某种行为动作而尝试着做出努力。
③ **译法**："想要……"等。

○ 彼も北京大学に入ろうとしている。
○ 寝ようとすればするほど、目がさえてきてしまった。
○ 棚の上の花瓶を取ろうとして、足を踏み外してしまった。

【347】〜ことにする

① **用法**：接动词连体形后。
② **意义**：表示行为主体主观地做出某种决定、计划或打算。
③ **译法**："决定……"等。

○ ぼくは今日からタバコをやめることにする。
○ これからは、お酒は飲まないことにしよう。
○ 今日はどこへも行かないで勉強することにしたよ。

【348】〜つもりだ

① **用法**：接动作性动词的连体形或连体词「その」的后面。否定的表现形式有两种：「〜ないつもりだ（打算不……）」、「〜つもりはない（没

有……的打算）」。
② **意义**：表示内心的打算和意图。
③ **译法**："打算……"；"准备……"等。
　○ 明日の夜から友達と三人でスキーに行くつもりです。
　○ 夏休みは東南アジアへ旅行するつもりだ。
　○ 酒は、もう決して飲まないつもりだ。
　○ 「これから、美術館へもいらっしゃいますか。」「ええ、そのつもりです。」

【349】～まいとする
① **用法**：接五段动词的终止形、其他动词的未然形后。用于书面语。
② **意义**：表示行为主体内心不愿意做出某种行为动作。
③ **译法**："不想……"；"企图不……"；"竭力不……"等。
　○ 花子は泣くまいとして歯を食いしばった。
　○ 授業に遅れまいとして、急いでタクシーに乗ってきた。
　○ 動くまいとするぼくをみんなで寄ってたかって会場に引っ張って行こうとした。

三、习惯表现

【350】～ことにしている
① **用法**：接动词连体形后。
② **意义**：表示个人的某种习惯或做出的决定。
③ **译法**：酌情翻译。
　○ 私は毎日日記をつけることにしている。
　○ 寝る前は絶対にお茶を飲まないことにしているんだ。
　○ 彼女の家族は、家事はすべて分担してやることにしているそうだ。

【351】～ことになっている
① **用法**：接动词连体形或否定助动词「ない」的连体形后。也可以用「名词、动词终止形、否定助动词ない＋ということになっている」的表现形式。
② **意义**：表示客观决定的存续状态。即表示客观上形成的某种安排，或者表示已经固定下来的某种习惯、惯例等。
③ **译法**："规定……"；"决定……"；"预定……"等。
　○ 大学生と院生は原則として寮に入ることになっている。
　○ 今度の旅行は名古屋へも行くことになっています。
　○ 日曜日、山田先生が家にいらっしゃることになっています。
　○ 休む時は学校に連絡しなければならないことになっています。
　○ パーティーに参加する人は、五時半に食堂の前で待ち合わせることに

なっている。
○ 規則では、不正を行った場合は失格ということになっている。

【352】〜ようにしている
① **用法**：接用言连体形后。
② **意义**：表示尽量如何。
③ **译法**："尽量……"等。
○ 健康のためにできるだけ酒を飲まないようにしている。
○ 人の機嫌を損ねることは言わないようにしている。
○ 甘いものはできるだけ食べないようにしている。

四、持续、变化表现

【353】〜一方だ
① **用法**：接动词连体形后。
② **意义**：表示某种消极的状态越发变得强烈。
③ **译法**："越来越……"；"一味……"；"不断……"；"一个劲儿地……"等。
○ 「民家の軒下に雨宿りしたが、雨はますます激しくなる一方だった。
○ あのレストランはサービスがよくないので、お客が減る一方だ。
○ 事態は悪くなる一方だ。
○ 父の病状は悪化する一方だった。

【354】〜つつある
① **用法**：接动词连用形后。用于书面语。
② **意义**：表示某种动作的进行状态、某种作用的持续状态或某种情况持续发展的状态。
③ **译法**："正在……"等。
○ 地球は温暖化しつつある。
○ その時代は静かに終わりつつあった。
○ 手術以来、父の体は順調に回復しつつある。
○ 彼女はいま自分が死につつあることを意識していた。

【355】〜ばかりだ
① **用法**：接动词连体形后。
② **意义**：表示呈现一种一味往不好的方向转化的趋势。
③ **译法**："越来越……"；"一直……"；"一个劲儿地……"等。
○ 祖父は体が弱っていくばかりだ。
○ 手術が終わってからも、祖父の病気は悪くなるばかりだった。
○ 交通事故の死者の数は増えるばかりだ。

第三十六課　推量等表現

【356】～ようになる
① 用法：接动词连体形后。常接可能动词或动词的可能态后。
② 意义：表示情况或状态的转变。即表示由一种情况变成另外一种情况。
③ 译法："变得……"；"逐渐变成……"；"现在已经……"等。
　　○ 私も日本語が話せるようになった。
　　○ あの子どもは最近きちんとあいさつするようになった。
　　○ 眼鏡をかければ、黒板の字が見えるようになる。

II. 语词注解

1. 落第（らくだい）する＝没有考上，名落孙山。
2. 油断（ゆだん）する＝疏忽大意。
3. 命を落（お）とす＝丢掉性命。
4. 土砂崩（どしゃくず）れ＝塌方。
5. しきりに＝再三，频频。
6. ノックをする＝敲门。
7. おとなしい＝老实，和善，温顺。
8. 目（め）がさえる＝（脑子兴奋得）睡不着觉。
9. 足（あし）を踏（ふ）み外（はず）す＝失足。
10. 歯（は）を食（く）いしばる＝咬紧牙关。
11. 寄（よ）ってたかって＝大家一起……，七手八脚地……。
12. 人の機嫌（きげん）を損（そこ）ねる＝惹人不高兴。
13. 軒下（のきした）＝屋檐下。
14. 雨宿（あまやど）りする＝避雨。

III. 课后练习

一、从a.b.c.d.中选出最符合句子意义的惯用词语，将其符号填写在句中的[ ]内。

1. 若者の結婚に対する考え方が少しずつ変わり[　　]。
　　a. ことになっている　　　b. かもしれない
　　c. おそれがある　　　　　d. つつある
2. 去年一年間、毎日漢字の勉強をした結果、新聞が読める[　　]。
　　a. ようになる　　　　　　b. ようになった
　　c. ことになる　　　　　　d. ことになっている
3. 先生と相談の結果、論文のテーマを変える[　　]。
　　a. ようになる　　　　　　b. ようにした
　　c. ことにした　　　　　　d. ようにしている

4. 逃げ[　　]泥棒は警官に腕をギュッと捕まえられました。
   a. ようとする　　　　　　　b. ようにする
   c. ようにした　　　　　　　d. ようにしている
5. 食べたら食器はすぐ洗う、使ったらすぐ仕舞うという[　　]、家の中は何時でもきれいです。
   a. ようにすれば　　　　　　b. ことにすれば
   c. ことにしていれば　　　　d. ことになっていれば
6. たとえ10年かかっても、この研究をする[　　]。
   a. まいとする　　　　　　　b. つもりです
   c. おそれがある　　　　　　d. ようになる
7. あまり興味はないのですが、つとめて経済記事を読む[　　]。
   a. ようになる　　　　　　　b. ようになった
   c. ことになる　　　　　　　d. ようにしています
8. 私は毎日夜七時ごろ自分でご飯を食べる[　　]。
   a. に違いない　　　　　　　b. まいとする
   c. 一方だ　　　　　　　　　d. ことにしている
9. 将来、世界がたんぱく源をクジラに頼る時代が、あるいは来る[　　]。
   a. かねない　　　　　　　　b. かもしれない
   c. まいとする　　　　　　　d. つもりだ
10. おかしい。でも、彼は来る[　　]。
    a. はずだ　　　　　　　　　b. とみえて
    c. かねない　　　　　　　　d. はずがない
11. この小説は子どもに悪い影響を与える[　　]。
    a. かねない　　　　　　　　b. おそれがある
    c. つもりだ　　　　　　　　d. ことにする
12. 将来、何をする[　　]か。
    a. まいとします　　　　　　b. はずです
    c. つもりです　　　　　　　d. ことにしました
13. あんなにスピードを出しては事故を起こし[　　]。
    a. かもしれない　　　　　　b. はずだ
    c. に違いない　　　　　　　d. かねない
14. 益税は年間五千億円と推定されているが、こうした是正策が実施されれば、その七割が解消される[　　]。
    a. はずだ　　　　　　　　　b. おそれがある
    c. かねない　　　　　　　　d. つもりだ
15. 不景気が深刻化する[　　]。
    a. つもりだ　　　　　　　　b. ようにする
    c. ことにしている　　　　　d. 一方だ

16. 雨はますます激しくなる〔　　〕。
    a. ようにしている　　　　b. ことにしている
    c. ばかりだ　　　　　　　d. ことになっている
17. このボタンを押せば、カーテンがしまったりあいたりする〔　　〕。
    a. ようになっている　　　b. ようになる
    c. ことにしている　　　　d. ことになっている
18. まだ冬にならないのだから、雪なんか降る〔　　〕。
    a. かもしれない　　　　　b. に違いない
    c. おそれがある　　　　　d. はずはない
19. 鎌倉なんだけど、もしよかったら、日曜日の朝十時に東京駅に集まる〔　　〕んだけど。
    a. ようになる　　　　　　b. ことにしたい
    c. ようになった　　　　　d. ことになっている
20. 千五百円で一万円札を出したから、つりは八千五百円の〔　　〕。
    a. つもりだ　　　　　　　b. 一方だ
    c. はずだ　　　　　　　　d. ばかりだ

注：前一数字为课数，后一数字为出现的页码数。只有一个数字的代表该词为一语法点，数字为该语法点的课数。

索 引

【あ】
ーあいだ　　　　　　　　　20/16
ーあげく　　　　　　　　　32/142
ーあっての　　　　　　　　25/75
ーあまり　　　　　　　　　26/85

【い】
ーいかんにかかわらず　　　30/123
ーいかんによって（は）　　21/31
ー以外にーない　　　　　　24/60
ー以外にない　　　　　　　24/60
ー以上　　　　　　　　　　26/85
ー一方　　　　　　　　　　28/101

【う】
ー上で　　　　　　　　　　22/42
ーうえに　　　　　　　　　29/111
ーうちに　　　　　　　　　19/1
ーう（よう）が　　　　　　27/90
ーう（よう）がーう（よう）が
　　　　　　　　　　　　　27/90
ーう（よう）かーまいか　　28/101
ーう（よう）がーまいが　　27/91
ーう（よう）ではないか　　35/162
ーう（よう）とする　　　　19/2
ーう（よう）にもーない　　31/129
ーう（よう）ものなら　　　27/94
ーうる　　　　　　　　　　31/129

【お】
ーおかげで　　　　　　　　26/83
ーおそれがある　　　　　　36/172
ーおり　　　　　　　　　　19/3

【か】
ーかぎり　　　　　　　　　24/60
ーかぎりだ　　　　　　　　34/154
ーかたがた　　　　　　　　29/114
ーかたわら　　　　　　　　29/114
ーがち　　　　　　　　　　32/139
ーがてら　　　　　　　　　29/115
ー（か）と思うと　　　　　19/7
ーかと思えば　　　　　　　28/102
ーかーないうちに　　　　　19/6
ーかねない　　　　　　　　36/712
ーかねる　　　　　　　　　31/131
ーかのように　　　　　　　32/138
ーが早いか　　　　　　　　19/7
ーがほしい　　　　　　　　35/163
ーかもしれない　　　　　　36/173
ーからある　　　　　　　　25/75
ーからいうと　　　　　　　22/43
ーからこそ　　　　　　　　26/81
ーからして　　　　　　　　23/74
ーからすると　　　　　　　22/43
ーからといって　　　　　　30/120
ーからーにかけて　　　　　23/74
ーからには　　　　　　　　26/86
ーからにほかならない　　　24/61
ーからの　　　　　　　　　25/76
ーかわりに　　　　　　　　28/103

【き】
ーぎみ　　　　　　　　　　32/140
ーきらいがある　　　　　　32/140

【け】
〜げ 32/138

【こ】
〜ことか 34/154
〜ことだ 35/162
〜こととて 26/82
〜ことなく 20/23
〜ことなしに 20/24
〜ことにしている 36/175
〜ことにする 36/174
〜ことになっている 36/175
〜ことになる 31/133
〜ことに（は） 34/155
〜ことはない 35/162

【さ】
〜際 20/18
〜最中 20/18
〜ざるをえない 34/155

【し】
〜しか（〜）ない 22/36
〜次第 19/8
〜次第だ 21/31
〜次第で 21/32
〜次第では 21/32
〜しまつだ 31/134

【す】
〜すえ 32/142
〜ずくめ 32/140

【せ】
〜せいか 26/83
〜せいで 31/134

【そ】
〜そばから 19/8

【た】
〜たいものだ 34/155
〜だけあって 26/85
〜だけでなく 24/65
〜だけに 26/85
〜たことがある 32/143
〜だたい
ただ〜だけ 24/61
ただ〜のみ 24/62
ただ〜ばかり 24/61
〜たとえ〜ても 27/91
〜たところで 27/92
〜たとたん 19/8
〜たびに 21/35
〜ために 35/164
〜たものだ 32/144
〜だらけ 32/141
〜たりとも 25/75
〜たる 20/22

【つ】
〜ついでに 29/115
〜っこない 33/146
〜つつある 36/176
〜っぱなし 32/142
〜っぽい 32/141
〜つもりだ 36/174
〜づらい 31/131

【て】
〜であれ 27/92
〜であれ〜であれ 27/92
〜て以来 19/10
〜てから 19/10
〜てからでないと 19/11
〜てからというもの 19/11
〜てこそ 19/12
〜てしかたがない 34/155
〜てたまらない 34/156

ーでなくてなんだろう	22/37	ーところに	20/18
ーてならない	34/156	ーところへ	20/19
ーてはいけない	33/151	ーところを	20/19
ーてはじめて	19/11	ーところをみると	26/87
ーてはだめだ	33/151	ーとしたら	27/97
ーてはならない	33/151	ーとして	34/156
ーてほしい	35/163	ーとしてーない	22/44
ーてもらえるか	35/163	ーとしても	27/98
ーてやまない	34/156	ーとすると	27/95
		ーとすれば	27/96
【と】		ーとともに	29/117
ーとあいまって	29/111	ーとは	25/72
ーとあって	26/82	ーとはいうものの	30/122
ーとあれば	27/95	ーとはいえ	30/122
ーといいーといい	23/77	ーとばかり	32/139
ーということだ	35/161	ーとみえて	36/178
ーということは	25/71	ーともなく	32/139
ーというと	25/71	ーともなると	20/22
ーというのは	25/72		
ーというもの	25/76	【な】	
ーというものだ	22/38	ーないうちに	20/17
ーというものではない	33/149	ーないかぎり	27/96
ーというものは	25/72	ーないことには	27/97
ーというより	28/104	ーないことはない	33/149
ーといえども	30/120	ーないこともない	33/149
ーといったら	25/72	ーないではいられない	34/157
ーといったらない	34/156	ーないではおかない	34/157
ーといっても	30/121	ーないではすまない	34/157
ーといわずーといわず	23/77	ーないでもない	33/149
ーとおもいきや	30/121	ーないまでも	28/105
ーとおり	35/165	ーなくして	27/97
ーとか	35/161	ーなくてはいけない	25/77
ーときたら	34/157	ーなくてはならない	25/78
ーところ	19/3	ーなければいけない	25/78
ーどころか	28/104	ーなければならない	25/78
ーところだ	19/4	ーなしに	20/24
ーところだった	31/134	ーなしにはーない	33/147
ーところで	19/5	ーならでは	24/62
ーどころではない	33/146	ーなり	19/9

ーなりに	22/46	ーにたりない	31/132
		ーにたる	31/133
【に】		ーにちがいない	22/38
ーにあたって	19/6	ーについて	29/115
ーにあたらない	22/48	ーにつき	29/116
ーにあって	20/20	ーにつけて	21/33
ーに至っては	32/143	ーにつれて	21/29
ーに至る	31/135	ーにとって	22/47
ーに至るまで		ーにとどまらず	24/68
ーにおいて	20/21	ーに伴なって	21/34
ーに応じて	21/34	ーに反して	28/106
ーにかかわらず	30/125	ーにひきかえ	28/106
ーにかぎって	24/63	ーにほかならない	24/63
ーにかぎらず		ーに基づいて	35/167
ーにかぎり		ーにもまして	28/108
ーにかぎる	28/107	ーによって	26/81
ーにかけて	25/74	ーによると	21/27
ーにかたくない	31/132	ーにわたって	23/75
ーにかわって	28/110		
ーに関して	23/71	【ぬ】	
ーに決まっている		ーぬきで	20/26
ーにくい	31/132	ーぬきにーない	20/24
ーに比べて	28/107		
ーに加えて	29/112	【の】	
ーに際して	19/3	ーの至り	25/77
ーに先立って	19/12	ーの極み	25/77
ーに従って	21/35	ーのみでなく	24/66
ーにしたら	22/46	ーのみならず	24/66
ーにして	25/76	ーのもかかわらず	30/127
ーにしては	20/22	ーのもとで	35/167
ーにしてみれば	20/23		
ーにしても	30/123	【は】	
ーにしてもーにしても	23/77	ーはいざしらず	30/124
ーにしろーにしろ	23/78	ーはおろか	29/122
ーにすぎない	22/39	ーばかりか	24/67
ーに即して	35/166	ーばかりだ	36/176
ーに沿って	35/166	ーばかりでなく	24/68
ーに対して	29/116	ーばかりに	26/84
ーにたえない	31/130	ーばこそ	26/86

ーはさておき	30/124	ーものだから	26/84
ーはずがない	36/174	ーもので	26/84
ーはずだ	36/173	ーものではない	33/148
ーばそれまでだ	22/41	ーものなら	27/97
ーはというと	25/74	ーもーばーも	29/114
ーはともかくとして	30/124		
ーばーほど	21/31	【や】	
ーはもちろん	29/112	ーや否や	19/9
ーはもとより	29/113		
ー反面	28/107	【ゆ】	
		ーゆえ	26/82
【へ】			
ーべからざる	33/150	【よ】	
ーべからず	33/150	ーようがない	31/133
ーべきだ	35/162	ー(よ)うとする	36/174
ーべきではない	33/151	ーように	35/164
ーべく	35/164	ーようにしている	36/176
		ーようになる	36/177
【ほ】		ーより仕方がない	24/64
ーほかない	22/41	ーよりほかない	24/64
ーほどーない	28/108	ーよりほかにーない	24/64
ーほどーはない	28/109		
		【わ】	
【ま】		ーわけがない	33/148
ーまいとする	36/175	ーわけだ	31/135
ーまでもない	33/147	ーわけではない	33/150
ーまみれ	32/141	ーわけにはいかない	31/130
		ーわりに	20/23
【む】			
ー向けに	23/72	【を】	
		ーをおいてーない	24/64
【め】		ーを限りに	23/76
ーめく	32/141	ーを皮切りにして	23/76
		ーをきっかけにして	21/33
【も】		ーをきんじえない	34/158
ーもかまわず	30/125	ーを契機にして	21/34
ーもさることながら	29/113	ーをこめて	20/26
ーものか	33/148	ーを中心として	35/168
ーものだ	34/158	ーを通じて	23/75

〜を通して	19/12	〜をものともせずに	30/126
〜を問わず	30/125	〜を余儀なくされる	34/159
〜を一にして	35/168	〜をよそに	30/126
〜をぬきにして	20/26		
〜をぬきにしては	20/25	【ん】	
〜をもって	23/76	〜んがために	35/164

课后练习答案

第十九课

一、从a.b.c.d.中选出最符合句子意义的惯用词语，将其符号填写在句中的[ ]内。

1. [b.] ＝そばから
2. [a.] ＝かと思うと
3. [c.] ＝とたん
4. [a.] ＝にあたって
5. [a.] ＝てから
6. [d.] ＝が早いか
7. [b.] ＝てはじめて
8. [a.] ＝ところだ
9. [c.] ＝に際して
10. [a.] ＝うちに
11. [c.] ＝うちに
12. [b.] ＝次第
13. [b.] ＝うちに
14. [a.] ＝に先立って
15. [b.] ＝かと思うと
16. [a.] ＝ところだ
17. [a.] ＝ところで
18. [c.] ＝てから
19. [c.] ＝おりに

第二十课

一、从a.b.c.d.中选出最符合句子意义的惯用词语，将其符号填写在句中的[ ]内。

1. [a.] ＝たる
2. [a.] ＝うちに
3. [d.] ＝ところへ
4. [d.] ＝ところに
5. [c.] ＝あいだ
6. [a.] ＝うちに
7. [c.] ＝際
8. [b.] ＝最中
9. [a.] ＝ともなると
10. [b.] ＝にしては
11. [b.] ＝にしてみれば
12. [a.] ＝ことなく
13. [d.] ＝なしに
14. [a.] ＝ことなしに
15. [b.] ＝ぬきで
16. [b.] ＝をぬきにして

第二十一课

一、从a.b.c.d.中选出最符合句子意义的惯用词语，将其符号填写在句中的[ ]内。

1. [d.] ＝に応じて
2. [c.] ＝を通して
3. [d.] ＝によって
4. [b.] ＝につれて
5. [a.] ＝をもって
6. [b.] ＝によって
7. [d.] ＝に応じて
8. [b.] ＝次第だ

9. [c.] ＝たびに
11. [d.] ＝につれて
13. [d.] ＝につれて
15. [a.] ＝に伴なって
10. [a.] ＝をきっかけにして
12. [b.] ＝に応じて
14. [a.] ＝いかんによって

第二十二課

一、从a.b.c.d.中选出最符合句子意义的惯用词语，将其符号填写在句中的[ ]内。

1. [a.] ＝に違いない
3. [a.] ＝しかない
5. [a.] ＝に違いない
7. [a.] ＝しかない
9. [d.] ＝にとって
11. [d.] ＝にすぎない
13. [b.] ＝からみると
15. [a.] ＝というものだ
2. [b.] ＝にとって
4. [b.] ＝上で
6. [d.] ＝からすると
8. [b.] ＝にほかならない
10. [a.] ＝として
12. [a.] ＝にきまっている
14. [a.] ＝として
16. [d.] ＝として

第二十三課

一、从a.b.c.d.中选出最符合句子意义的惯用词语，将其符号填写在句中的[ ]内。

1. [d.] ＝を皮切りにして
3. [c.] ＝にしろ
5. [a.] ＝に関して
7. [c.] ＝に対して
9. [b.] ＝について
11. [b.] ＝向けに
13. [c.] ＝にわたって
15. [a.] ＝からして
2. [a.] ＝といい
4. [d.] ＝をもって
6. [a.] ＝限りで
8. [a.] ＝限りの
10. [c.] ＝限りに
12. [d.] ＝からして
14. [a.] ＝について
16. [d.] ＝をもって

第二十四課

一、从a.b.c.d.中选出最符合句子意义的惯用词语，将其符号填写在句中的[ ]内。

1. [a.] ＝限り
3. [a.] ＝だけ
7. [d.] ＝だけでなく
5. [a.] ＝だけでなく
9. [c.] ＝よりほかに
11. [c.] ＝をおいて
13. [a.] ＝ばかりでなく
15. [c.] ＝にほかならない
2. [a.] ＝以外に
4. [d.] ＝限り
8. [a.] ＝限り
6. [b.] ＝に限らず
10. [a.] ＝ならでは
12. [b.] ＝より仕方がない
14. [a.] ＝のみでなく
16. [b.] ＝のみならず

第二十五课

一、从a.b.c.d.中选出最符合句子意义的惯用词语，将其符号填写在句中的[ ]内。

1. [a.] ＝ならない
2. [b.] ＝というと
3. [a.] ＝ときたら
4. [a.] ＝といったら
5. [d.] ＝にして
6. [c.] ＝あっての
7. [b.] ＝とは
8. [a.] ＝たりとも
9. [c.] ＝ということは
10. [a.] ＝というのは
11. [c.] ＝にかけては
12. [d.] ＝はというと、
13. [b.] ＝として
14. [a.] ＝からの
15. [c.] ＝の至り

第二十六课

一、从a.b.c.d.中选出最符合句子意义的惯用词语，将其符号填写在句中的[ ]内。

1. [a.] ＝からには
2. [b.] ＝こととて
3. [c.] ＝とあって
4. [d.] ＝以上は
5. [d.] ＝だけあって
6. [c.] ＝だけに
7. [b.] ＝によって
8. [a.] ＝からこそ
9. [c.] ＝だけに
10. [d.] ＝だけあって
11. [c.] ＝からには
12. [c.] ＝おかげで
13. [b.] ＝ものだから
14. [a.] ＝ばかりに
15. [d.] ＝だけあって
16. [c.] ＝ばこそ
17. [a.] ＝だけあって
18. [b.] ＝からには
19. [a.] ＝ばこそ
20. [c.] ＝だけに

第二十七课

一、从a.b.c.d.中选出最符合句子意义的惯用词语，将其符号填写在句中的[ ]内。

1. [d.] ＝とあれば
2. [b.] ＝なくして
3. [d.] ＝であれ
4. [c.] ＝といえども
5. [a.] ＝としたら
6. [b.] ＝ところで
7. [b.] ＝ようが
8. [a.] ＝うが／うが
9. [b.] ＝ても
10. [c.] ＝にしても
11. [c.] ＝うものなら
12. [d.] ＝ないことには
13. [a.] ＝をぬきにしては
14. [a.] ＝とすると
15. [a.] ＝ところで
16. [d.] ＝として

第二十八课

一、从a.b.c.d.中选出最符合句子意义的惯用词语，将其符号填写在句中的[ ]内。

1. [b.] ＝一方
2. [a.] ＝かと思うと
3. [a.] ＝かわりに
4. [d.] ＝というより
5. [c.] ＝どころか
6. [b.] ＝までも
7. [a.] ＝にかわって
8. [d.] ＝に対して
9. [d.] ＝に反して
10. [c.] ＝にひきかえ
11. [b.] ＝反面
12. [a.] ＝に限る
13. [d.] ＝に比べて
14. [c.] ＝にもまして
15. [a.] ＝どころか
16. [c.] ＝どころか

第二十九课

一、从a.b.c.d.中选出最符合句子意义的惯用词语，将其符号填写在句中的[ ]内。

1. [d.] ＝かたわら
2. [c.] ＝さることながら
3. [a.] ＝かたがた
4. [b.] ＝がてら
5. [a.] ＝うえに
6. [b.] ＝とあいまって
7. [c.] ＝に加えて
8. [a.] ＝はおろか
9. [d.] ＝ついでに
10. [b.] ＝はもとより
11. [b.] ＝ついでに
12. [a.] ＝とともに
13. [d.] ＝はもちろん
14. [c.] ＝について
15. [a.] ＝はもとより

第三十课

一、从a.b.c.d.中选出最符合句子意义的惯用词语，将其符号填写在句中的[ ]内。

1. [d.] ＝からといって
2. [a.] ＝からといって
3. [d.] ＝といっても
4. [b.] ＝はともかく
5. [c.] ＝にもかかわらず
6. [a.] ＝にしても
7. [b.] ＝ところを
8. [b.] ＝はさておき
9. [c.] ＝をものともせずに
10. [b.] ＝はさておいて
11. [a.] ＝をよそにして
12. [a.] ＝をとわず
13. [c.] ＝はいざしらず
14. [b.] ＝はともかく
15. [d.] ＝はもちろん
16. [c.] ＝にもかかわらず
17. [a.] ＝からといって
18. [d.] ＝からといって

第三十一课

一、从a.b.c.d.中选出最符合句子意义的惯用词语，将其符号填写在句中的[ ]内。

1. [c.] ＝ことになりました
2. [d.] ＝しまつだ
3. [b.] ＝にたえない
4. [b.] ＝わけにはいかない
5. [c.] ＝がたい
6. [a.] ＝かねます
7. [a.] ＝うる
8. [c.] ＝づらい
9. [b.] ＝にくい
10. [a.] ＝にたりない
11. [b.] ＝にかたくない
12. [c.] ＝ようがない
13. [a.] ＝次第だ
14. [d.] ＝しまつだ
15. [c.] ＝ところだった
16. [a.] ＝わけです

第三十二课

一、从a.b.c.d.中选出最符合句子意义的惯用词语，将其符号填写在句中的[ ]内。

1. [a.] ＝あげく
2. [b.] ＝ことがない
3. [c.] ＝がち
4. [d.] ＝ものだ
5. [b.] ＝ことがある
6. [c.] ＝かのように
7. [a.] ＝げに
8. [b.] ＝ことがない
9. [d.] ＝げ
10. [c.] ＝がち
11. [a.] ＝とばかりに
12. [c.] ＝ともなく
13. [b.] ＝きらいがある
14. [d.] ＝ものだ
15. [a.] ＝ずくめ
16. [a.] ＝ものだ
17. [b.] ＝すえに
18. [a.] ＝っぱなし

第三十三课

一、从a.b.c.d.中选出最符合句子意义的惯用词语，将其符号填写在句中的[ ]内。

1. [a.] ＝ものではない
2. [d.] ＝ことなく
3. [d.] ＝わけじゃない
4. [b.] ＝っこない
5. [c.] ＝どころじゃない
6. [d.] ＝わけはない
7. [a.] ＝こともなく
8. [a.] ＝までもない
9. [a.] ＝ものではない
10. [d.] ＝わけではない
11. [c.] ＝ことはない
12. [b.] ＝べからず
13. [a.] ＝わけではない
14. [a.] ＝こともない
15. [c.] ＝べきではない
16. [b.] ＝だめだ
17. [d.] ＝わけではない
18. [a.] ＝てはいけません

第三十四课

一、从a.b.c.d.中选出最符合句子意义的惯用词语，将其符号填写在句中的[ ]内。

1. [a.] ＝てたまらない
2. [c.] ＝ことだ
3. [d.] ＝ものだ
4. [b.] ＝かぎりです
5. [b.] ＝ことか
6. [a.] ＝ざるをえない
7. [d.] ＝ものだ
8. [a.] ＝たいものだ
9. [a.] ＝でたまらない
10. [c.] ＝ことだ
11. [a.] ＝てたまらない
12. [d.] ＝ものだ
13. [b.] ＝を禁じ得なかった
14. [b.] ＝ときたら
15. [a.] ＝てたまらない

第三十五课

一、从a.b.c.d.中选出最符合句子意义的惯用词语，将其符号填写在句中的[ ]内。

1. [c.] ＝ということだ
2. [a.] ＝ようじゃないか
3. [a.] ＝べきだ
4. [c.] ＝ことはない
5. [b.] ＝もらえるか
6. [a.] ＝がほしい
7. [d.] ＝ために
8. [a.] ＝んがために
9. [c.] ＝ように
10. [d.] ＝に即して
11. [b.] ＝にして
12. [a.] ＝のもとで
13. [b.] ＝どおりに
14. [d.] ＝ために
15. [a.] ＝に即して
16. [a.] ＝てほしい
17. [d.] ＝に基づいて
18. [b.] ＝をもとにして
19. [a.] ＝のもとで
20. [c.] ＝に沿って

第三十六课

一、从a.b.c.d.中选出最符合句子意义的惯用词语，将其符号填写在句中的[ ]内。

1. [d.] ＝つつある
2. [b.] ＝ようになった
3. [c.] ＝ことにした
4. [a.] ＝ようとする
5. [a.] ＝ようにすれば
6. [b.] ＝つもりです
7. [d.] ＝ようにしています
8. [d.] ＝ことにしている
9. [b.] ＝かもしれない
10. [a.] ＝はずだ
11. [b.] ＝おそれがある
12. [c.] ＝つもりです
13. [d.] ＝かねない
14. [a.] ＝はずだ
15. [d.] ＝一方だ
16. [c.] ＝ばかりだ
17. [a.] ＝ようになっている
18. [d.] ＝はずはない
19. [b.] ＝ことにしたい
20. [c.] ＝はずだ

主要参考书目

佐久間鼎	《現代日本語の表現と語法》	厚生閣
三尾砂	《話しことばの文法》	法政大学出版社
丸山和雄	《現代語法、助動詞、助詞》	笠間書院
森田良行	《基礎日本語》	角川書店
王　锐	《日语惯用型详解》	世界图书出版社
高振顺	《现代日语惯用型》	现代出版社
常波涛	《日语惯用句型手册》	大连理工大学出版社
马凤鸣	《新编日语句型》	上海外语教育出版社
朱丽颖	《日语惯用型辨析》	大连出版社
张国强	《日语句型解说及用例》	北京工业大学出版社
吴　侃	《日语惯用句型手册》	同济大学出版社
黄仁方主编	《现代日语常用句型例解》	华东理工大学出版社
陶振孝、曹星、薛豹	《应试日语句型》	外语教学与研究出版社
乔国钧、江波、成芳芳、李妍妍		
	《日本语表现文例−日语句型标准表达》	大连理工大学出版社
	《外国人のための基本語用例辞典》	文化庁
	《文法助動詞を中心にして》	国際交流基金
	《日本語教育事典》	大修館書店
	《日本語文型辞典》	くろしお出版

北京市高等教育自学考试课程考试大纲

课程名称：日语语法　　　　课程代码：00607　　2009年6月版

第一部分　课程性质与设置目的

一、课程性质和特点

本课程是高等教育自学考试本科课程中的日语语法课程，是使此阶段前所学语法系统化，并对其进行补充，使之更加完善的一门课程，是一门日语语法理论和语法实践的课程，是系统地学习和掌握日语所必不可少的一个环节。本课程全面且系统地介绍日语基本语法的用法与意义，并从中体会出类义语法项之间的区别。

二、课程设置的目的与要求

本课程的目的是使学生在基础阶段和高年级课程阶段所学的语法知识系统化、条理化，指导学生进行语法分析。通过本阶段的学习，使学生对各语法项的用法与意义有一个整体的把握，并认清类义语法项之间在意义和用法上的差别，从而提高学生日语表达的准确性，促进学生的日语学习，提高学生的日语实践能力，为正确运用日语，提高说、写、读、译技能打下扎实的语法基础。

本课程要求：
① 完全理解各语法项的意义；
② 掌握各语法项的接续法和用法；
③ 能准确地运用所学语法项；
④ 能准确地理解并正确地运用语法项之间类义用法的区别。

三、与其他课程的关系

本课程是高等教育自学考试本科阶段必考的课程。

本课程是对初级阶段和高级阶段的其他课程在语法方面的系统整理、补充、完善的一门课程，与其他课程是一种互补关系。

第二部分　课程内容与考核目标

本课程以《日语语法教程》(刘振泉编)为教材。教材分为上、下两册，共36课，为学年课程。

主要讲授如下内容：
① 各类助词；格助词、并列助词、接续助词、提示助词、副助词和终助词；
② 补助动词：ある・いる・おく・いく・くる・しまう・みる・みせる・やる・あげる・さしあげる・くれる・くださる・もらう・いただく 等。
③ 各类助动词及相关词语：断定、敬体、使役、被动、可能、尊他、自谦、否定、过去、希望、意志、劝诱、推量、样态、传闻、比喻、例示等。
④ 各种意义的惯用型或句型：时间、期间、手段、断定、对象、限定、话题、强调、原因、理由、条件、对比、附加、逆接、可能、样态、否定、情感、传闻、推量等的各种表现形式及其意义与用法。
⑤ 形式名词：うえ・うち・かぎり・かわり・こと・しだい・ため・つもり・とおり・ところ・の・はず・ほう・まま・もと・もの・わけ等。

考核将围绕以上内容及相关内容进行。

助词部分

一、课程内容
  1. 各类助词
  格 助 词：から・が・で・と・に・の・へ・より・を；
  并列助词：か・だの・たり・と・とか・なり・に・の・や・やら；
  接续助词：から・が・くせに・けれども・こととて・し・たって・つつ・て・ては・ても・
           と・ところが・ところで・とて・とも・ながら・なり・に・ので・のに・ば・
           もの・ものだから・もので・ものなら・や；
  提示助词：こそ・さえ・しか・だって・たら・てば・でも・は・も；
  副 助 词：か・きり・ぐらい・すら・ずつ・だけ・だに・とて・とも・どころ・どころか・
           など・なり・のみ・ばかり・ほど・まで・やら；
  终 助 词：い・え・か・かしら・け・こと・さ・ぜ・ぞ・たら・て・てば・とも・な・の・も
           の・ものか・や・わ・わい。
  2. 助词的重叠
  如からの・からは・だけに・にだけ・では・には・にも・へは・よりも等。

二、学习目的与要求
  通过各类助词的学习，能够正确地组织日语的句子、段落以及文章，并能够准确地进行语言交流。此部分要求完全理解各个助词的全部意义，掌握各个助词的用法，了解各个助词与其他词的搭配关系，并能够熟练地进行运用。同时，还要清楚助词间类义表现的区别。

三、考核知识点
  各助词的意义与用法。

四、考核要求
  1. 识记：格助词、并列助词、接续助词、提示助词、副助词和终助词，助词的重叠。
  2. 理解：各个助词的全部意义和用法以及与其他词的搭配关系的。类义用法间的区别。
  3. 应用：能够正确地理解各助词的意义和用法，准确地把握其对搭配词的要求，并能正确地加以运用。

补助动词部分

一、课程内容
  ある・いる・おく・いく・くる・しまう・みる・みせる・やる・あげる・さしあげる・くれる・くださる・もらう・いただく等补助动词的意义、用法及相关知识。

二、学习目的与要求
  通过此部分的学习，能够正确地理解和掌握日语"体态"的意义和用法。要求能够正确地运用。
  1. 掌握各补助动词的全部意义和用法。
  2. 明了对前接动词词性的要求。
  3. 掌握各补助动词词尾的活用变化及其在句子或文章中的作用。
  4. 表示授受意的补助动词，要明确授与和接受者之间的关系。

三、考核知识点
  接续法，词尾变化，与其他词的搭配关系，人称关系，意义与用法及其区别等。

四、考核要求
  1. 识记：补助动词之间的区别，人物之间的相互关系。
  2. 理解：各补助动词的不同的意义与用法；有对应关系或类义项的补助动词之间在意义和用法上的区别等。
  3. 应用：能够正确地理解各补助动词的意义和用法，准确地把握在句中的表现形式与句义的关系，并能正确地加以运用。

助动词部分

一、课程内容

だ・です・である・ます・せる／させる・れる／られる・ない・ぬ・た・たい・たがる・う／よう・まい・だろう・でしょう・らしい・ようだ・みたいだ・そうだ・ごとし等。

二、学习目的与要求

通过此部分的学习，能够准确地理解和掌握日语各助动词的意义和用法，并了解与之相关的其他表现形式的意义和用法。要求能够正确地加以运用。

1. 掌握各助动词的意义和用法。
2. 掌握与前接词的接续形式。
3. 掌握与其他词的搭配关系。

三、考核知识点

接续法，与其他词的搭配关系，各助动词的语法功能，各助动词的活用变化及其在句子或文章中的作用，相互间意义与用法上的区别等。

四、考核要求

1. 识记：助动词。
2. 理解：以上各助动词的语法功能；以上各助动词的活用变化及其在句子或文章中的作用。
3. 应用：能够正确地理解各助动词的意义和用法，准确地把握其与语言环境，涉及的对象或交流的对象等的关系，并能正确地加以运用。

惯用型或句型部分

一、课程内容

1. 指定教材：

―あいだ　　　　　　　　　　　―あげく
―あっての　　　　　　　　　　―あまり
―いかんにかかわらず　　　　　―いかんによって（は）
―以外に―ない　　　　　　　　―以外にない
―以上　　　　　　　　　　　　――方
―上で　　　　　　　　　　　　―うえに
―うちに　　　　　　　　　　　―う（よう）が
―う（よう）が―う（よう）が　―う（よう）か―まいか
―う（よう）が―まいが　　　　―う（よう）ではないか
―う（よう）とする　　　　　　―う（よう）にも―ない
―う（よう）ものなら　　　　　―うる
―おかげで　　　　　　　　　　―おそれがある
―おり　　　　　　　　　　　　―かぎり
―かぎりだ　　　　　　　　　　―かたがた
―かたわら　　　　　　　　　　―がち
―がてら　　　　　　　　　　　―（か）と思うと
―かと思えば　　　　　　　　　―か―ないうちに
―かねない　　　　　　　　　　―かねる
―かのように　　　　　　　　　―が早いか
―がほしい　　　　　　　　　　―かもしれない
―からある　　　　　　　　　　―からいうと
―からこそ　　　　　　　　　　―からして
―からすると　　　　　　　　　― からといって
―から―にかけて　　　　　　　―からには
―からにほかならない　　　　　―からの

〜かわりに
〜きらいがある
〜ことか
〜こととて
〜ことなしに
〜ことにする
〜ことになる
〜ことはない
〜最中
〜しか（〜）ない
〜次第だ
〜次第では
〜　すえ
〜せいか
〜そばから
〜だけあって
〜だけに
〜だたい
ただ〜のみ
〜たとえ〜ても
〜たとたん
〜ために
〜だらけ
〜たる
〜っこない
〜っぱなし
〜つもりだ
〜であれ
〜て以来
〜てからでないと
〜てこそ
〜てたまらない
〜てならない
〜てはじめて
〜てはならない
〜てもらえるか
〜とあいまって
〜とあれば
〜ということだ
〜というと
〜というもの
〜というものではない
〜というより
〜といったら
〜といっても
〜とおもいきや
〜とか
〜ところ
〜ところだ

〜ぎみ
〜げ
〜ことだ
〜ことなく
〜ことにしている
〜ことになっている
〜ことに（は）
〜際
〜ざるをえない
〜次第
〜次第で
〜しまつだ
〜ずくめ
〜せいで
〜たいものだ
〜だけでなく
〜たことがある
ただ〜だけ
ただ〜ばかり
〜たところで
〜たびに
〜たものだ
〜たりとも
〜ついでに
〜つつある
〜っぽい
〜づらい
〜であれ〜であれ
〜てから
〜てからというもの
〜てしかたがない
〜でなくてなんだろう
〜てはいけない
〜てはだめだ
〜てほしい
〜てやまない
〜とあって
〜といい〜といい
〜ということは
〜というのは
〜というものだ
〜というものは
〜といえども
〜といったらない
〜といわず〜といわず
〜とおり
〜ときたら
〜どころか
〜ところだった

- ーところで
- ーところに
- ーところを
- ーとしたら
- ーとしてーない
- ーとすると
- ーとともに
- ーとはいうものの
- ーとばかり
- ーともなく
- ーないうちに
- ーないことには
- ーないこともない
- ーないではおかない
- ーないでもない
- ーなくして
- ーなくてはならない
- ーなければならない
- ーなしにはーない
- ーなり
- ーにあたって
- ーにあって
- ーに至る
- ーにおいて
- ーにかかわらず
- ーにかぎらず
- ーにかぎる
- ーにかたくない
- ーに関して
- ーにくい
- ーに加えて
- ーに先立って
- ーにしたら
- ーにしては
- ーにしても
- ーにしろーにしろ
- ーに即して
- ーに対して
- ーにたりない
- ーにちがいない
- ーにつき
- ーにつれて
- ーにとどまらず
- ーに反して
- ーにほかならない
- ーにもまして
- ーによると
- ーぬきで
- ーの至り
- ーどころではない
- ーところへ
- ーところをみると
- ーとして
- ーとしても
- ーとすれば
- ーとは
- ーとはいえ
- ーとみえて
- ーともなると
- ーないかぎり
- ーないことはない
- ーないではいられない
- ーないではすまない
- ーないまでも
- ーなくてはいけない
- ーなければいけない
- ーなしに
- ーならでは
- ーなりに
- ーにあたらない
- ーに至っては
- ーに至るまで
- ーに応じて
- ーにかぎって
- ーにかぎり
- ーにかけて
- ーにかわって
- ーに決まっている
- ーに比べて
- ーに際して
- ーに従って
- ーにして
- ーにしてみれば
- ーにしてもーにしても
- ーにすぎない
- ーに沿って
- ーにたえない
- ーにたる
- ーについて
- ーにつけて
- ーにとって
- ーに伴なって
- ーにひきかえ
- ーに基づいて
- ーによって
- ーにわたって
- ーぬきにーない
- ーの極み

～のみでなく　　　　　　　　　～のみならず
～のもかかわらず　　　　　　　～のもとで
～はいざしらず　　　　　　　　～はおろか
～ばかりか　　　　　　　　　　～ばかりだ
～ばかりでなく　　　　　　　　～ばかりに
～ばこそ　　　　　　　　　　　～はさておき
～はずがない　　　　　　　　　～はずだ
～ばそれまでだ　　　　　　　　～はというと
～はともかくとして　　　　　　～ば～ほど
～はもとより　　　　　　　　　～反面
～べからざる　　　　　　　　　～べからず
～べきだ　　　　　　　　　　　～べきではない
～べく　　　　　　　　　　　　～ほど～ない
～ほど～はない　　　　　　　　～まいとする
～までもない　　　　　　　　　～まみれ
～向けに　　　　　　　　　　　～めく
～もかまわず　　　　　　　　　～もさることながら
～ものか　　　　　　　　　　　～ものだ
～ものだから　　　　　　　　　～もので
～ものではない　　　　　　　　～ものなら
～も～ば～も　　　　　　　　　～や否や
～ようがない　　　　　　　　　～（よ）うとする
～ように　　　　　　　　　　　～ようにしている
～ようになる　　　　　　　　　～より仕方がない
～よりほかない　　　　　　　　～よりほかに～ない
～わけがない　　　　　　　　　～わけだ
～わけではない　　　　　　　　～わけにはいかない
～わりに　　　　　　　　　　　～をおいて～ない
～を限りに　　　　　　　　　　～を皮切りにして
～をきっかけにして　　　　　　～をきんじえない
～を契機にして　　　　　　　　～をこめて
～を中心として　　　　　　　　～を通じて
～を通して　　　　　　　　　　～を問わず
～を一にして　　　　　　　　　～をぬきにして
～をぬきにしては　　　　　　　～をもって
～をものともせずに　　　　　　～を余儀なくされる
～をよそに　　　　　　　　　　～んがために

2.《日语语法教程》下册内容以外的其他有关内容。

二、学习目的与要求

通过此部分内容的学习，在已学的其他语法的基础上，进一步丰富日语的表达，提高说、写、读、译等技能的水平。要求完全理解各惯用型或句型的意义，掌握其用法。尤其要清楚类义表现在意义和用法上的区别。

三、考核知识点

以上所有惯用型或句型的意义和用法，意义、用法上的区别。

四、考核要求

1. 识记：惯用型、句型。
2. 理解：意义，用法，类义表现在意义和用法上的区别，与搭配词的关系等。
3 应用：能够正确地理解各惯用型或句型的意义和用法，准确地把握其在意义和用法上的微妙差别，并能正确地加以运用。

形式名词部分

一、课程内容

下册各课中有关うえ・うち・かぎり・かわり・こと・しだい・ため・つもり・とおり・ところ・の・はず・ほう・まま・もと・もの・わけ等的惯用的用法。

二、学习目的与要求

通过此部分内容的学习，在已学的其他语法的基础上，进一步丰富日语的表达，提高说、写、读、译等技能的水平。要求能够准确地理解和掌握以上各形式名词的惯用形式的意义和用法，并能够正确地加以运用。具体要求为：

1. 理解其意义。
2. 掌握与前接词的接续形式。
3. 掌握与其他词的搭配关系。
4. 在句中的表现形式。

三、考核知识点

接续法，与其他词的搭配关系，各形式名词的语法功能等。

四、考核要求

1. 识记：形式名词，惯用型。
2. 理解：意义，用法，在句中的表现形式等。
3. 应用：能够正确地理解形式名词的意义和用法，准确地把握其中部分形式名词在意义和用法上的微妙差别，并能正确地加以运用。

第三部分　有关说明与实施要求

一、考核的能力层次表述

本大纲在考核目标中，按照"识记"、"理解"、"应用"三个能力层次规定其应达到的能力层次要求。各能力层次为递进等级关系，后者必须建立在前者的基础上。其含义是：

识记：能知道有关词的概念、知识的含义，并能正确地认识和表述，是低层次的要求。

理解：在识记的基础上，能全面把握基本概念、基本原理、基本方法，能掌握有关概念、原理、方法的区别与联系，是较高层次的要求。

应用：在理解的基础上，能运用基本概念、基本原理、基本方法联系学过的多个知识点分析和解决有关的理论问题和实际问题，是最高层次的要求。

二、指定教材

《日语语法教程》(上下册)，刘振泉编，北京大学出版社，2009年版。

二、自学方法指导

1. 在开始阅读指定教材某个部分之前，先阅读大纲中有关这一部分的考核知识点及对知识点的能力层次要求和考核目标，以便在阅读教材时做到心中有数，有的放矢。

2. 阅读教材时，要逐课逐项地阅读，逐句推敲，集中精力，吃透每一个知识点，对基本意义必须深刻理解，对基本理论概念必须彻底弄清楚，对基本用法必须牢固掌握。

3. 在自学过程中，既要思考问题，也要做好阅读笔记，把教材中的基本概念、原理、用法等加以整理，以便加深对问题的认知、理解和记忆，以利于突出重点，并涵盖整个内容，不断提高自学能力。

4. 完成教材中的练习作业和适当的相应练习是理解、消化和巩固所学知识，培养分析问题、解决问题的能力的重要环节。在做练习之前，要认真阅读教材，按照考核目标所要求的不同层次，掌握教材内容，在练习过程中，对所学知识进行合理的回顾与发挥，注重理论联系实际，具体问题具体分析。解题时，要针对问题围绕相关知识点进行层次分明的论述或推导，明确各层次间的逻辑关系，培养并提高逻辑分析的能力。

四、对社会助学的要求

1. 要熟知考试大纲对课程提出的总要求和各部分的知识点。
2. 要掌握各知识点要求达到的能力层次，并深刻理解对各知识点的考核目标。

3. 辅导时，应以考试大纲为依据，指定的教材为基础，不可随意增删内容，以免与大纲脱节。

4. 辅导时，要对学生的学习方法进行必要的指导，提倡"认真阅读教材，刻苦钻研教材，主动争取帮助，依靠自己学通"的方法。

5. 辅导时，要注意突出重点，对考生提出的问题，不要有问即答，要积极启发引导。

6. 要注意对应考者能力的培养，尤其是自学能力的培养，要引导考生逐步学会独立学习，鼓励考生在自学过程中善于思考问题，提出问题，分析问题，解决问题。

7. 要使考生了解试题的难易与能力层次高低两者不完全是一回事，在各个能力层次中会存在着不同难度的试题。

8. 助学学时：本课程共6学分，建议总课时144学时，其中助学课时分配如下：

课　次	课　程　内　容	学　时
	助词部分	28
	补助动词部分	4
	助动词部分	16
	惯用型部分	40
	形式名词部分	8
合　计		96

五、关于命题考试的若干规定

1. 本大纲各部分所提到的内容和考核目标都是考试内容。试题覆盖到各部分，适当突出重点。

2. 试卷中对不同能力层次的试题比例大致是："识记"为10%，"理解"为70%，"应用"为20%。

3. 合理安排试卷的难度结构，与所学教材有关的内容可占70~80%，目的在于巩固所学内容和考察学生掌握的程度；教材以外的内容可占20~30%，选择与教材程度大致相当、活用教材语法的试题。试卷中容易题约占20%，较容易题约占30%，中等难度题约占30%，较难题约占20%。

4. 试题类型一般分为：填空、选择、完成句子、正误判断等形式的选择题。

5. 考试采用闭卷笔试，考试时间150分钟，采用百分制评分，60分合格。

六、题型示例(样题)

Ⅰ．从A.B.两个选项中，选出一个正确答案，并在答题纸上将所选答案的字母涂黑。

1. いくら飲めないといっても一杯【 A. ぐらい　B. ほど 】は飲めるだろう。

Ⅱ．从A.B.C.D四个选项中，选出一个正确答案，并在答题纸上将所选答案的字母涂黑。

2. タバコは１本でも有害ですが、お酒は飲み過ぎ＿＿＿＿しなければ、それほど害にはなりません。

　　A. こそ　　　　　　B. だけ　　　　　　C. のみ　　　　　　D. さえ

Ⅲ．从A.B.C三个选项中，选出一个与例句中划横线的词的意思相符合的正确答案，并在答题纸上将所选答案的字母涂黑。

3. 午前中の汽車に乗ると言っていたから、間もなく着くはずだ。

　　A. ある事柄の実現を当然のこととして予測したり期待したりすることを表す。
　　B. 事の成り行きやものの道理などから必然的にそのような結論に達することを表す。
　　C. 習慣として、また当然のこととして、そうする・そうなるのが普通であるととらえられることを表す。

Ⅳ．从A.B.C.D四个选项中，选出一个正确答案，填在句子的＿＿＿＿＿＿处，完成句子，并在答题纸上将所选答案的字母涂黑。

4. 雨でピクニックが中止になってしまった。楽しみにしていたのに、＿＿＿＿＿＿＿。

　　A. 残念でならない

B. 残念にすぎない
C. 残念さえもない
D. 残念よりほかにない

Ⅴ. 从A.B.C.D四个选项中，选出一个与句中划横线的词意义最相近的词，并在答题纸上将所选答案的字母涂黑。

5. 黙って借りるのは、どろぼうと<u>いっしょ</u>だよ。
   A. 野菜と肉を<u>いっしょ</u>に煮ると、いい味が出る。
   B. 昨日は、夜遅くまで彼と<u>いっしょ</u>だった。
   C. 自由とわがままを<u>いっしょ</u>にしてはいけないと思います。
   D. ドライバー（改锥）はペンチ（钳子）と<u>いっしょ</u>にしておいてね。

Ⅵ. 认真阅读下列短文。短文后有4个问题，根据短文的内容，从A.B.C.D四个选项中，选出一个正确答案，并在答题纸上将所选答案的字母涂黑。

社会の「近代化」の段階から ⑥ 、……

6. A. 言う   B. 言い   C. 言って   D. 言えば

Ⅶ. 认真阅读下列短文。短文后有6个问题，根据短文的内容，从A.B.C.D四个选项中，选出一个正确答案，并在答题纸上将所选答案的字母涂黑。

「お父さん、今日、松山先生が『明日三時ごろ、お宅へ ⑦ 。』とお言付けになりましたよ。」と言いました。……

7. A. いらっしゃる   B. 来られる   C. お伺いします   D. 訪ねる

Ⅷ. 认真阅读下列文章。文章后共有10个问题，根据文章的内容，按照要求，从A.B.C.D四个选项中，选出一个正确答案，并在答题纸上将所选答案的字母涂黑。

8. 文章の ⑧ に入る最も適当な言葉を次のA.B.C.Dの中から一つ選びなさい。
   A. 上で   B. 中で   C. もとで   D. ところで